從天天水逆到無往不利

100 個召喚好運、實現所願，
讓正能量爆發的吸引力法則

作者／植西聰
譯者／洪　伶

前言

　　發生在你身邊所有的事，都是你自己吸引來的。

　　──聽到這句話，你做何感想？

　　你大概會認為：「怎麼可能！」

　　但這句話卻是千真萬確的。

　　幸福的人身邊，總是發生連連不斷的好事；而不幸的人，老是遇到一連串的倒楣事。這並非偶然。

　　如同磁鐵只會吸住沙堆中的鐵砂一樣，每個人都只會吸引與自己相對應的事物。

　　人生就是這樣被創造出來的。

　　那麼，要怎樣才能吸引到更多的幸福呢？

　　這本書就要介紹吸引幸福的具體方法。

　　簡單來說，吸引好事的重點，就是要在心中製造出正面能量。同樣重要的是，不要去增

加負面能量。

　　因為正面能量會吸引正面的事物，而負面能量則會吸引負面的事物。

　　一個人的心的能量，吸引了自己身邊的事物。理解這個吸引力法則後，就決定了人生的方向。

　　因為我們明白了「這麼做，就能吸引到幸福」的方法。

　　這個方法非常簡單，而且實行起來也很容易。

　　正在看這本書的每位讀者，如果你們都能透過本書獲得吸引幸福的磁鐵，這是身為作者的最高喜悅了。

目錄

第 2 章　壞事也會被吸引

005

第 3 章　培養吸引好事的體質

第4章 與吸引好事的自己相處

007

第5章　吸引好事的說話方式

第 6 章　吸引好事的人際關係法則

第8章　吸引好事的生活習慣

011

第 9 章　吸引好事的行動準則

第 10 章　吸引不順利時的對策

第1章
吸引好事的第一步

01 每個人都能吸引好事

「想要吸引好事！」

——世上很多人應該都有這個願望。

可是實際上很少人會說出：「我身邊都是好事啊～」

反而是一直心懷不滿或不安，抱怨「都沒有好事～」的人比較多吧。

正在看這本書的你，或許心裡在想：「我怎麼可能有吸引好事的能力呢？」

但是我坦白說，不管是誰，都具備了「吸引好事的能力」。

是真的，沒有任何一個人例外。

每個人，在現在這個瞬間，都在吸引著自己身邊的好事。

只不過多數的人都沒察覺到，潛藏在自己心中「吸引好事的能力」。

　　也有不少人先入為主的認為：「我怎麼可能會有吸引好事的能力！」也有人感到「我可能真的有這種能力」，卻不知該如何使用這種能力。

　　因此，幾乎所有的人都會感嘆：「怎麼都沒有好事發生啊～」

每一個人都能
吸引到好事。

02 意識到自己正在使用吸引力

讀到這裡，可能還是有人會想：「說我也擁有吸引好事的能力，這怎麼可能！」

但是千真萬確，不管是誰，都有「吸引好事的能力」。

這是 100% 的事實。

如果你認為：「我才沒有吸引力呢」，那是因為你沒有去使用自己的能力罷了（或者可能是用錯了方法）。

可是，即使不是刻意使用這個能力，每個人在日常生活當中，仍然吸引了大量的「好事」，實現了願望。

稍微想想看吧。

你是否曾有過這樣的經驗：正想著「該給 A 小姐打個電話了」，馬上就接到 A 小

姐打來的電話了呢？

才剛想著「該買新化妝品了」，就有朋友對你說：「我拿了好多試用的化妝品，分給你吧」，而感到驚喜呢？

答案一定是「YES」吧！

這就表示你心中的「吸引能力」確實在運作。

過去你認為的「偶然」，也是被自己的心在無意識下吸引過來的結果。

每一個人都運用過吸引力。

03 吸引力法則非常簡單

　　這麼說來，如果真的要吸引好事，該怎麼做呢？

　　不用擔心。

　　勤快到廟宇參拜、購入昂貴的能量石或消災解厄道具等等，是可以增加心的能量。

　　但也有不用花錢、不用特地前往參拜就能吸引好事的方法。

　　那就是，累積心中的正面能量。

　　所謂正面能量，就是內心感到高興、歡喜時，在心中產生的感情能量。

　　當這種能量不足時，就算全心全意祈求「想要吸引某人某事」也難以實現。

　　反過來說，在心中儲存了大量正面能

量的人，則會不斷吸引好事，次數多到甚至連身邊的人都會感到驚訝。

　　換句話說，在日常生活中不斷增加內心的正面能量，是吸引好事的訣竅。

　　而且增加正面能量的方法並不困難。

　　這麼看來，吸引好事的法則比想像中簡單多了。

以心中的正面能量
吸引好事。

04 吸引大願望的方法

在前面提到，想要吸引好事需要有正面能量。

經常有人問我：「想要吸引的事情不同，所需正面能量的分量就不同嗎？」

答案是「YES」。

比方說「想要遇見珍惜自己的結婚對象」，這種大願望就需要大量的正面能量。

相反的，若是「希望明天不要遲到」，這類的小願望只要少量的能量就能夠實現了。

所以如果想要吸引大好事，從今天開始就要有意識的增加心中的正面能量。

如果你說：「我拚命向神祈禱，卻吸引不到一點好事。」有可能你許的願望，

對現在的你來說太遠大了。

　　換句話說，相對於你要吸引的願望，你現在所擁有的正面能量還不足夠。

　　但是也不要灰心。

　　因為透過自己的行動，也能夠在短期內增加大量的正面能量。

吸引大事時，需要大量的正面能量。

05　先試著吸引小願望

前面說到，你許下的大願望，如果與現在擁有的能量不相當的話，多半不會實現。

每個人都有過立下遠大目標，結果卻遭受挫折的經驗吧？

很多人就會因此認為：「吸引好事畢竟是不可能的吧？」從此不再相信自己有這樣的能力。

可是，願望並非永遠無法成真，只要你持續增加正面能量，就一定能夠實現。

所以不要因為願望沒實現，就以為自己「果然是一個不帶好運的人」了。

「但是，真的沒有吸引到好事，會這麼想也是人之常情啊⋯⋯」

──如果你也這麼認為，我勸你一開始先試著吸引小願望。

　　具體來說，先吸引一些只要稍微努力一下就能夠達成的小願望。

　　這種願望不用很特別，只要能讓你在日常生活中感到「開心」、「運氣真好」的小事就可以了。

　　比方說「早上醒來時神清氣爽」，或是「今天和客戶之間不會有糾紛」等等，與日常生活息息相關的事情。

　　心不會對這種小小的「好事」說「這不可能」而踩下剎車，所以提高了吸引成功的機會。

先從不會讓心想要踩剎車
的小吸引開始嘗試吧！

06 重複做吸引小願望的練習

意識到潛藏在自己體內的吸引力後，接下來請大家有意識的去練習吸引小的「好事」，來增強它的能力。

做法很簡單。

在日誌或筆記本上寫下你想要吸引的「好事」就可以了。

接著，只要一有時間，就拿出日誌或筆記本來看看。

在每天早上通勤的車上，你也可以翻翻寫下的願望，或在頁面上增加一些新項目。

然後，在吸引到的「好事」項目上，用紅筆畫上斜線，表示吸引成功了。

漸漸你會發現，筆記上出現的紅色斜線愈來愈多。

一次就要把全部的願望都吸引過來自然不容易，但只要你誠心期望，願望就會實現。

「想要一件穿了看起來顯得成熟的黑色外套。」

「想找到一家能安靜坐下來的咖啡館。」

當你看著這些小願望一個接一個實現後，「不可能吸引到好事」的念頭就會消失，而會開始建立起「果然我也有吸引能力」的信心。

當你的心不再去抗拒吸引事物後，吸引力法則就會運作得更順暢。

要理解吸引的竅門，就是重複做吸引小願望的練習。

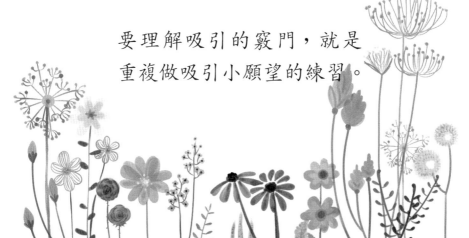

07 　將願望具體化

　　重複進行吸引小願望的練習，對「自己也有吸引好事的能力」有了信心之後，接下來就可以逐步去吸引大願望。

　　這時你必須明確決定，你認為的「好事」，具體來說是什麼。

　　只是整天想著「會不會發生好事啊？」「好事」也不會來敲門。

　　那是因為神並不知道你所期待的「好事」是什麼。

　　很多人在小時候，都曾經在聖誕節前寫信給聖誕老人吧。

　　小孩子會很誠實的寫下自己想要的東西。

　　「請給我某某玩具。」

「請送我某某布偶。」

大家都會把自己想要的東西寫得很清楚，以免聖誕老人弄錯了。

我們在期待「好事」時，也要用同樣的方法，讓希望的事物具體化。

否則神不會知道該給你什麼，你可能就會收到不期待的東西了。

所以，請先思考一下，對你來說的「好事」是什麼？

想要吸引的內容愈具體，
吸引力的運作就愈順利。

08 願望無法具體化的原因

　　雖然要大家「具體決定想要吸引什麼事物」，但也有人會感到毫無頭緒。

　　這類型的人大概都有以下特徵：

　　・腦袋裡一直在想同樣的事情
　　　（沒辦法作決定）。
　　・累積太多壓力。
　　・身體過度疲勞。
　　・太在意別人或以前發生過的事。

　　人處在這種狀態下，腦子裡很混亂，就無法明確決定自己的願望。

　　還有另一種可能，就是把不是真正的願望，誤認為自己的願望了。

　　比方說，心想「要在三十歲以前結

婚」，但這個願望不是出自於自己的本心而是母親的意思，就會變成「好像想要吸引，也好像不要」的狀態。

　　想分辨自己真正想要吸引的事，可以先把願望寫下來，再用嘴巴念出來，同時確認一下這個願望是否能讓你心動，融入你的心。

　　把願望念出來時，如果內心感到雀躍、幾乎喜極而泣的話，這個願望就是出自於你的本心了。

你的心知道，你真正想要吸引的願望是什麼。

09 不要拒絕接受好事

　　想要吸引好事，讓自己快樂，有一件更加重要的事。

　　就是當你期待的事物逐漸接近時，不要害怕去接受它。

　　人類其實有一種麻煩的特質，就是心裡期待幸福，卻在幸福即將到來時把自己封閉起來。

　　心理學術語稱之為「懲罰欲望」。

　　簡單說，就是發生好事時，無法真心感到歡喜，反而產生一種「接受好事，壞事就跟著來」的不安心情。

　　一位在某外資企業上班的女性，一直憧憬著到海外分公司工作，在她收到期待已久的調派通知時，她卻回報上司「我不適任」，自己拒絕了這個機會。

好事發生了，卻因為無法接受它而讓自己繼續不快樂——這個案例就是這類想法的典型。

如果這種想法根深柢固，就算終於吸引到好事，也無法坦然接受它。

要避免陷入這種不幸，當好事來到時，不要害怕去接受它。

然後心想：「下次一定會出現更好的事。」

沒辦法排除不安時，請告訴自己：「我要一直幸福下去。」

能夠坦然接受好事時，人才能夠得到真正的幸福。

不要逃避好事，告訴自己：
「我要一直幸福下去。」

10 把好事接二連三吸引過來

用儲存在心中的正面能量來吸引好事之後，等量的正面能量可能就減少了。

所以，如果想要持續不斷吸引好事，就必須持續不斷增加正面能量。

讀到這裡，可能有人會說：「咦？這麼辛苦啊。」

但要增加持續吸引好事的正面能量，實際做起來並不困難。

雖然好事發生時，用來吸引它的正面能量會消失、儲存的正面能量會減少。

可是好事發生時，你心中湧上「好開心喔」、「謝謝」這種正面的情感，正面能量又會增加了。

換句話說，一旦發生好事，只要開心

的去接受它，正面能量就不會歸零。

　　但如果好事發生時，懷抱著「我真的可以接受嗎？」這種不安的心情，心中就不會產生正面能量，要吸引下一件好事就會變得困難。

　　想要擁有吸引好事的體質，務必要留意面對好事的心情。

　　將自己的心當作製造正面能量的工廠，把好事接二連三吸引過來吧！

為發生的好事感到開心與感動，又會產生新的正面能量。

第 2 章
壞事也會被吸引

11 壞事也會被吸引

任何人都具備「吸引好事的能力」。

與此同時，我也要在這裡傳達一件重要的事——

人也具備了「吸引壞事的能力」。

我們的心不僅具備了吸引好事的能力，也具備了吸引壞事的能力。

在心中累積了負面能量的人，會不斷吸引壞事，結果就會發生違背自己心願的事了。

心中產生「討厭」、「不願意」、「好痛苦」等不愉快的感覺時，就會產生負面能量。

不去從事有趣的活動、老是在抱怨別

人或說閒言閒語的人，就算本人沒有意識到，他的心中其實不斷在累積負面能量。

這類型的人就算希望吸引到好事，也無法如願以償。

反而會不斷吸引到壞事。

換句話說，心中的正面能量會吸引正面的事物，負面能量則吸引了負面的事物。由此可知，讓心變成負面狀態是有壞處的。

心中的負面能量會吸引壞事。

12 心的能量決定吸引到什麼

在這裡，我再度說明一下心的能量。

心總是充滿著龐大的感情能量。

這些能量有正面的也有負面的，正面能量具有吸引正面事物（好事）的力量，而負面能量則具有吸引負面事物（壞事）的力量。

所以心中擁有較多正面能量的人，吸引到好事的機率很高；但負面能量較多的人，就會吸引到壞事。

不過，大多數人的心不會一直處在同一種狀態。

有時正面能量比較多，有時負面能量比較多。

當心的能量產生變化時，吸引的事物也

會隨之改變。

　　所以會有吸引到好事的時期，也會有吸引到壞事的時期。

　　這並非偶然，而是自己的心吸引而來的結果。

　　想要持續吸引好事，就需要增加心中的正面能量。

　　同時還要注意，不要製造負面能量，或者當負面能量增加時，馬上把它減少。

想要吸引好事，注意不要增加負面能量。

13 用好玩的方法累積能量

前面說過心中負面能量多的人，會吸引到壞事。

但大多數的人並不會刻意想要吸引壞事。

那麼，為什麼還是會吸引到壞事呢？

因為就算「想要吸引好事」，卻有過很多悲傷和痛苦的經驗，導致心中的能量往負面傾斜，就會吸引到與負面能量相當的負面結果。

以減肥的例子來做說明。

許願「想要吸引苗條體態」，如果採用斷食法，心中會增加「肚子餓了」、「好痛苦」、「想吃卻不能吃」這種負面感情，心中的負面能量就會增加。

負面能量多了，就不能夠吸引到好事，結果就是痛苦的減肥計畫也以失敗告終。

　　而且就算體重暫時降下來了，不久之後肯定又會反彈復胖。

　　也就是說，不論當事人有多麼希望吸引到「苗條的體態」，由於心中的能量是負面多於正面，所以就會得到相反的結果。

　　如果能選擇好玩的方法來實行減肥計畫，心中的正面能量就能增加，結果就能吸引到苗條的體態了吧！

選擇能夠累積心中正面能量的方法，就算是困難的目標也能達成。

14 不要用否定句來許願

　　明確界定自己想要的事物並祈求能得到它，是吸引好事的必要步驟。

　　但是如果方法不對，願望就難以成真。

　　尤其要特別注意：不要用否定句來許願。

　　比方說「希望健康」和「希望不要生病」，兩者貌似相同，其實天差地遠。

　　「希望健康」時，心會被正面能量充滿。而「希望不要生病」時，心在潛意識裡會把焦點聚在「生病」這個詞上，負面能量就會在心中增長。

　　平時心裡懷著許多不安或是容易擔心的人，潛意識裡傾向用「希望不要如何如何」這種句子來許願。

這類型的人要養成一種習慣——心中浮現出否定的許願句時，馬上用別的句子取代。

如果你的腦中閃過「希望不要被裁員」這句話，立刻用「希望以後也能夠繼續從事有意義的工作」這類的正面句子來取代它。

過去都用錯方法許願的人，改用正面語句許願後，就能體驗到吸引力的效果了。

心中浮現否定的許願句時，
馬上改用正面句子吧！

15 有些願望無法實現

前面說過，用否定句來許願不能吸引到好事。

此外，也有一些願望無法被實現。

比方說「希望她被男朋友甩了」（因為自己想奪人所愛），或是「希望某人早死早超生」（因為想要得到對方的遺產）等等，這種希望別人不幸的願望將不會實現。

就算換個句子來許願，例如「希望我取代某人，成為他的女朋友」，或「希望某人的遺產全變成我的」，結果還是一樣。

「成功了！神聽到我的願望，讓某某遭遇不幸了。」——這種事並不會發生。

然而，當你希望別人遭遇不幸時，心中會產生龐大的負面能量。

結果，非但你的願望不會實現，反而
會吸引到壞事。

愈是希望別人不幸，你看到的可能會
是對方過得愈來愈幸福的樣子。

而且你愈希望別人不幸，就愈容易吸
引到不如意的事。

從古到今，流傳過很多利用草人來詛
咒別人的故事。但是從沒有一個故事提到
過，那些詛咒別人的人，從此就過著幸福
快樂的日子。

原因在於，詛咒讓人的心充滿了負面
能量。

希望他人不幸時，壞事也
會找上自己。

16 矛盾的願望不會實現

　　我們想要吸引的願望，通常不會只有一個——「想變得更漂亮」、「想要成為有錢人」、「希望我喜歡的人愛我」……等等。

　　每個人的心中，總是同時擁有多個想要吸引的願望。

　　擁有願望本身並沒有什麼不好。

　　但是，當你同時許下多個願望時，要注意一件事：「互相矛盾的願望，不會實現。」

　　以一位雙十年華的女性來舉例：

　　她有一位很心愛的男朋友，也有「想和現在的男朋友結婚」的願望。但她心裡還在乎著另一個男性，內心也不禁希望「他

找我去約會」。

　　她的兩個願望，都沒有實現。

　　更糟的是，她還被曾經「想要和他結婚」的男朋友甩了。

　　原因在於，她的心分給了兩個男性，許下了互相矛盾的願望。

　　像她這樣，同時許下兩個互相矛盾的願望時，兩個願望就都不會實現了。

想同時吸引多個願望時，願望的內容一定不能互相矛盾。

17 有時會犧牲小願望來實現大願望

即使你心中擁有滿滿的正面能量，也有可能吸引不到某些期待的事物。

我分析過原因，發現為了要實現首要的願望，有時會犧牲其他願望。

比方說某位女性的最重要願望是：「明年春天要到國外去留學。」

假設她心中儲存了大量的正面能量，神也認為「實現她願望的時機差不多到了。」

然而就在這時，她動了「想要去滑雪」的念頭。她邀請朋友一起去，卻都被拒絕了。

她心想：「都沒有人要陪我去滑雪，運氣好差喔。」於是就打消了滑雪旅行的

想法。

　　其實她不能去滑雪是有理由的。

　　為了要實現她春天到國外留學的願望，
那段時間她必須專心念書或做準備。

　　神為了要實現她的首要願望，於是犧
牲了她的小願望。

　　有時候，我們會在無意間許下一些小
願望，對實現大願望造成阻礙。這時，神
會為了實現最大的願望來做安排。

為了吸引首要願望，有時
也會犧牲其他願望。

18 清除和痛苦過去有關的事物

　　有些人因過去的痛苦經驗變成心中巨大的負面能量，對吸引好事造成了阻礙。

　　這類的人在試著吸引好事之前，必須先減少自己心中的負面能量。

　　當負面能量沉重的累積在心中時，就算努力去增加正面能量，也會被抵消掉。

　　所以我建議——清除和痛苦記憶有關的一切事物。

　　比方說，假如你過去曾經捲入棘手的人際關係，因而喪失與人交往的自信。

　　建議你，丟掉當時常穿的衣服，或者刪除某人寄來的所有電子郵件……等等，可以透過各種方式來消除記憶。

　　某位女性的男友劈腿，同時和另一個

女性交往，她因而深感受傷、情緒低落。

　　由於心中充滿了負面能量，因此她從失戀之後，煩心的事接踵而來。

　　為了擺脫這種情況，她下定決心搬家。

　　搬家時，她把前男友的照片、送給她的禮物全都丟了。

　　儲存了許多和前男友相處回憶的手機和電話號碼也都換了。

　　聽說此後，她就像換了個人一樣開朗起來，運氣也好轉了。

把悲傷的回憶和負面能量一起丟掉吧。

19 尋求心理諮詢協助

　　有些人心中儲存的巨大負面能量，大
到自己無法承受。

　　例如童年時期沒有從父母身上得到足
夠的愛、曾遭遇過讓人懷疑人性的經歷，
或者有過重要親友去世的經驗等等。有這
類體驗的人。我建議，可以到縣市衛生局
的社區心理衛生中心等有常駐心理諮詢專
家的地方，找他們傾聽心裡的糾結。

　　凍結在心中的悲傷記憶，若有人傾聽，
甚至得到安慰和鼓勵，就能一點一滴逐漸
消融。

　　不是只有身體會受傷，心也會。如果
你的心受了傷，就要治療它。

　　近年，日本在發生過大地震等災害後，

相關單位除了治療傷患的傷口之外，也會派遣專門的諮商心理師，到該區域的學校等處去療癒心理創傷。

　　將心裡的話告訴足以信賴的心理師，心中的不安就會逐漸緩解，笑容也會再度回到臉上。

　　如果你認為自己無法吸引到「好事」的原因出自於心理創傷的話，也可以選擇尋求可信賴的專家來協助你。

　　不管過去的創傷有多深，每個人都能得到幸福快樂。相信這句話，並且用實際行動去嘗試吧！

可以尋求專家協助自己，
釋放負面能量。

20 認為不可能，就真的不可能

　　如果你打從心底認為「一定不可能吧」、「不可能這麼順利吧」，那就一定不會順利了。

　　有人對我說過：

　　「在家裡找東西時，若邊找邊說：『找不到，找不到……』鐵定都找不到。若改口說：『找得到，找得到……』每次都一定找得到。很有意思。」

　　他說的話，我深感同意。

　　吸引好事的原理和找東西是一樣的。

　　如果你認為「有好事」，就能吸引到好事。

　　如果你認為「怎麼會有好事」，就算再怎麼拚命努力，也不會發生好事。

前面已經提過，就算嘴裡說再多遍「想要吸引好事」，心裡卻不相信「能夠吸引到好事」的話，願望就不會實現。

尤其是過去缺少成功體驗的人，或自小就接受父母嚴格教育、聽著「你才辦不到」成長的人，很難相信自己的可塑性。

但是，過去有過什麼經驗都沒關係。

任何人都有吸引好事的能力。

如果真心想要吸引「好事」，就要相信自己的能力。

若覺得不可能，就吸引不到好事。

第 3 章
培養吸引好事的體質

21　了解自己的思考慣性

　　現在，要開始介紹增加心中正面能量的思考慣性。

　　一直都用增加負面能量的思考方式的人，改用增加正面能量的思考方式後，心的狀態瞬間就會改變。

　　而且過去吸引壞事的每一天，慢慢就變成吸引好事的每一天了。

　　如此一來，生活變得更有趣，正面能量也會持續在心中累積。

　　但是，思考的慣性是經年累月在生活中培養出來的，並非一朝一夕就能改變。至少，不做任何努力就自然改變思路的例子，是極少見的。

　　這裡要講的重點是，首先要對「我有

某種思考慣性」有自覺。然後，意識到「不能再繼續這樣想。遇到某某情況，就改用這種想法吧。」

雖然變化是緩慢進行的，但思考確實改變了，吸引到的事物也會跟著改變。

一開始不會很順利，但這無法強求。

這時就這樣想：「不好的慣性又出現了。我能夠注意到，也算是很大的進步了。」

接下來，讓能夠累積正面能量的思考方式，逐步變成自己的習慣吧。

你的思考方式，決定了心的能量狀態。

22 樂觀思考增加正面能量

每個人都有自己的思考慣性。

每個人都有不同的思考慣性。不同的人，即使有過相同的經歷，但看待經歷的方式會因人而異。

比方說 30 歲的生日快到了。

「才 30 歲，人生才剛要開始呢！」

——如果這麼想並感到歡喜，正面能量就會在心中增長。

「都 30 歲了，已經是歐巴桑了。」

——如果這麼想而感到悲觀，負面能量就會在心中累積。

這個例子說明，對事物的看法不同，心的能量狀態也會隨之變化。

平常就有正面思考慣性的人，心中會逐漸累積正面能量。而有負面思考慣性的

人，在自己都沒發現的情況下，心中就堆積了負面能量。

　　有時，本人也無法察覺到自己的思考慣性。

　　「我的運氣好像不錯，不怎麼努力也常遇到好事。」

　　──會這麼想，表示你已經不知不覺，習慣了增加正面能量的思考方式。

　　「我都這麼努力了，怎麼一點好事都沒有！」

　　──這麼想的人，可能在無意識間就把負面能量累積在心中了。

習慣樂觀思考，在無意間就儲存了正面能量。

23　從不同的角度來看事情

　　要增加心中的正面能量，最重要的就是不論遇到什麼事，都能用「啊啊，太好了！」這種樂觀的態度去面對。

　　比方說，開車時遇到小小的擦撞事故。

　　如果你覺得「怎麼這麼倒楣」還怨恨對方，心中就會增加負面能量。

　　反過來說，如果你覺得「還好只是擦撞而已」、「如果方向盤再偏一點，搞不好就要送命了。我運氣真好。」正面能量就會在你心中累積。

　　如果你是感到「怎麼這麼倒楣」的類型，那從今天開始，不論遇到什麼狀況，盡量有意識的用積極態度去面對。

　　例如大多數人見到晴天就開心，遇到烏雲滿布的陰天、雨天就唉聲嘆氣，心情也跟著憂鬱起來。

但是，不管晴天、陰天、雨天，正面的想法可以讓心保持在正面的狀態。

　　天氣好時，為它給你「好舒服」的感覺而歡喜。

　　陰天時就這麼想吧：「因為有陰天，才明白晴空的美好。」

　　下雨時，感謝「雨水洗盡了塵埃，空氣更清新了」吧。

　　稍微改變一下看法，就能在每件事中發現「這樣很好」的理由。

　　只要聚焦在「好事」上，心中就會產生正面能量。

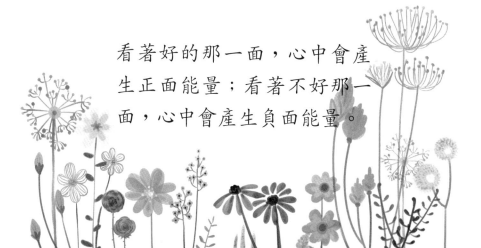

看著好的那一面，心中會產生正面能量；看著不好那一面，心中會產生負面能量。

24　80分就好

完美主義的人，很難在心中累積正面能量。

例如和朋友約見面。朋友遲到了五分鐘，大多數人都會感到焦躁，但也很快就忘了。

可是完美主義的人會這麼想：「怎麼遲到了五分鐘，我五分鐘前就到了！」因而感到一肚子氣。

憤怒的情緒會產生巨大的負面能量。

因此無法原諒一點小事、或是容易注意到小缺點的人，心很快就會被負面能量填滿了。

我要建議完美主義者，抱持「80分哲學」就好。

放下「一定要100分」的想法，「差

不多 80 分就好了」。

　　只要你能夠「算了」，不僅緩和了加在自己身上的壓力，也能減輕你從他人身上感受到的壓力。

　　愈是認真的人，愈會認為「必須如何如何」。這並沒有不對。

　　可是，世上的人並非都是完美的，總有些事情無法如你所願。

　　接受不完美的事物和他人的缺點後，還能覺得「OK」的話，你心中的負面能量就會減少了。

接納不完美的寬大心胸，
是增加正面能量的訣竅。

25 並非理所當然

要增加心中的正面能量，喜悅的心情是非常有效的。

嘴上說著「都沒好事！」而沒有機會感受到歡喜的人，心中很難增加正面能量。

從另一個角度來看，把「都沒好事哪！」掛在嘴邊的人，都有一個共同的慣性思維。這種慣性，就是把很多事情都視為「理所當然」。

身體健康無恙，是「理所當然」的嗎？

有個能夠遮風避雨的家，是「理所當然」的嗎？

有一家能夠發薪水給自己的公司，是「理所當然」的嗎？

這一切，絕對都不是「理所當然」的。

從病人的角度來看，健康的身體，是不惜任何代價都想得到的。

對無家可歸的人（這世界上有很多人沒有家）來說，家是一個令人羨慕不已的地方。

在失業或正在拚命找工作的人眼中，每個月都能得到薪水的人，看起來有多幸福啊。

你認為「理所當然」的事，換個角度來看，是不是就是很大的幸運，很值得歡喜的事呢？

你認為的「理所當然」之中，也隱藏著許多驚喜。若能放下「理所當然」的想法而認為自己「好幸運，真的非常感激」，正面能量就會在心中累積了。

感謝理所當然的事物，正面能量就會繼續增加。

26 　活著就是幸福

　　前面說到，對老是覺得「都沒好事」的人來說很重要的是，不要將理所當然的事，當作是理所當然的。

　　這個觀念的極致表現，就是自覺到「活著就是幸福了」。

　　對於居住在現代的我們，健康生活似乎是極為理所當然的。

　　但是請你想一想。

　　比如日本戰國時代的武士們，每逢戰事一起，不得不賣命去打仗。如果主公戰敗了，武士的家族也常常要被滿門抄斬。

　　從那個時代的角度來看，在和平的環境中安心生活的狀態，也許就是像夢一樣的恩惠了。

當我們感冒不能工作時，就會想起「健康真好」。

可是，當身體康復後，我們卻忘了健康的美好，認為那是理所當然的。

能夠健康活在此時此刻的人，這樣就是幸福了。

能夠感謝被賦予的這條生命時，心中就會充滿正面能量。

若能決心「要把這條難得的生命用在有意義的地方」，正面能量又會增加了。

「今天也好好活著。」能夠因此感到歡喜的人，心中充滿了正面能量。

27 「沒什麼大不了」

　　容易在心中累積負面能量的人之中，有不少人有擔心的習慣。

　　因此，對樂觀的人來說「沒什麼大不了」的事，他們不但會很在意，還會認真苦惱「該怎麼辦才好？」

　　但是根據心的法則，當你煩惱時，心的能量就會傾向負面，因而吸引到壞事。

　　換句話說，你愈是煩惱，煩惱就會愈變愈大。因此，盡量在煩惱還沒變大時，用「沒什麼大不了的」心態來看待它，是很重要的。

　　要做到這點，可以去找和你遇到相同狀況卻總是能夠活力充沛、或是克服過相同障礙而過得很快樂的人聊一聊。

　　例如有一個大四女同學，畢業考沒過要延畢了。不但父母會生氣，自己也感到

羞恥，還擔心「就算明年畢得了業，也可能找不到工作」，心中有很多不安。

這時，她遇見了一位曾經延畢一年、也找到了有意義的工作的前輩。那位前輩笑著對她說：「多念一年也沒什麼大不了的，在長長的人生當中，延畢不過是一件小事而已。」

當她聽到這句話，心中的不安消失了，還升起一股勇氣——「好！我明年一定要畢業。」

問題是大是小，取決於自己的心。遇到任何狀況都可以用「沒什麼大不了的」的心態來面對，正面能量就會在心裡增長。

問題的本質就是：覺得大就愈大，覺得小就變小。

28 拋開受害者意識

容易產生「受害者意識」的人，心中無法累積正面能量。

為什麼這麼說呢？因為受害者意識，就是對別人的怨恨或憤怒。

「為什麼只有我有這種遭遇？」

「是他這麼說的，我只不過是相信他而已……」

但是這種受害者意識，不能帶來任何東西。

反倒是增加了心中的負面能量，吸引了壞事罷了。

因此，容易產生受害者意識的人，請馬上切換自己是受害者的念頭。

自己的所言所行，責任全都在自己身上。

即使是聽從別人建議而採取的行動，

最後決定「做吧」的人，仍然也是自己。

加深和某個人的交情，是自己的選擇。

對某個人付出善意，並非受到他人的強迫，而是自己心甘情願的。

如果你腦中經常出現這樣的念頭——「我對他那麼好，卻受到不合理的對待」，或是「某某某背叛了我」，原因可能出在自己有很深的受害者意識。

我要建議這類型的人，把這樣的思考方向當作努力的目標——「是我自己做的決定，沒辦法。轉換一下心情，下次加油！」

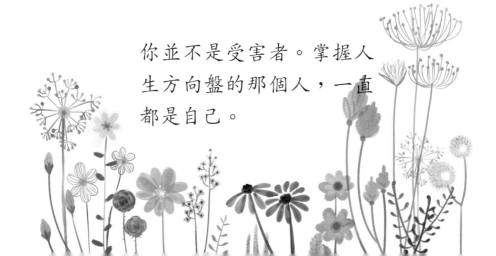

你並不是受害者。掌握人生方向盤的那個人，一直都是自己。

29　自己創造快樂的氣氛

「都沒什麼好事嗎？」

——有的人嘴裡這麼說，然後就只坐等著好事自動送上門來。

但是你如果一動也不動，光是等待好事上門的話，什麼都不會發生。

處在這種「被動狀態」，心中並不會產生正面能量。

如果身邊沒有快樂的活動，那就主動去創造出快樂的氣氛吧！

比方說，如果你喜歡動物，到動物園去就會覺得高興。

如果你有喜愛的藝術表演工作者，可以去聽一場音樂會。

也可以到附近的溫泉或大澡堂，去消除一下疲勞。

也可以開個家庭派對，和朋友盡情談天說地。

　　自己採取行動來享受片刻「啊啊，好開心」的心情，做起來並不難。

　　「最近都沒什麼好事哪～」

　　——垂頭喪氣，只會在心中累積負面能量罷了。

　　如果沒有好事，就主動去創造好事。

　　拋開「好事應該會自動找上門」的想法，改成「好事由自己來創造」，你覺得快樂的時間就會更長了。

　　自己去創造好事，比坐等好事上門要容易多了。

30　不要執著於不如意

　　當事情的進展不如期待時，有些人能夠立刻轉換心情，繼續下一步。

　　但也有些人會想：「事情怎麼會變成這樣啊？」然後忙著回想各種細節，探究原因。

　　探究原因型的人，如果用錯了方法，就會導致心中負面能量增加。

　　因為在探究原因型的人當中，有人會執著於「找犯人」，心中填滿了焦躁與憤怒的情緒。

　　例如打算和朋友去旅行，卻預約不到指定的旅館。

　　「哎呀，真可惜。算了，再找別家吧！」——如果能夠這麼想並馬上轉換心情，負面能量就不會在心裡累積。

而探究原因型的人會想：「都是因為他不早點去訂旅館才會這樣！」

然後在追究原因的過程中，也會讓「我就說早點讓我來訂啊」、「因為她總是抓不到要領」這種對他人感到不滿的情緒逐漸膨脹，讓心裡充滿了負面能量。

苦苦追究已經發生的事，不會有任何助益。

培養這種習慣很重要——當不如己願的事情發生時，就馬上轉換心情。

執著於不幸的過去，不幸的未來就會找上門來了。

第 4 章
與吸引好事的自己
相處

31　喜歡上自己

有些人討厭自己。

如果老是抱著「和別人相比，我根本就沒有價值」的心態，心中就會累積負面能量。

所以討厭自己或缺乏自信的人，吸引不到好事。

我有一句話要送給這類型的人：

「喜歡自己，不需要任何理由。你只要喜歡上現在的自己就好了。」

不用在意周圍的人如何評價自己。

過得愈不幸福的人，愈容易將別人的閒言閒語掛在嘴邊。

是他們自己阻礙了自己的幸福，認為自己很可憐。

不是天才、不是美女、不夠聰明⋯⋯
這些都沒關係。

你現在正在讀這本書，為了讓自己得
到幸福而做出了努力。

你擁有能夠讀書的健康身體、足以買
書的錢、用來讀書的時間。

可見你已經擁有了幸福的權利。

也有吸引好事的素質。

喜歡上自己吧！喜歡自己，不會有人
因此埋怨你的。

喜歡自己並不需要理由。

32 不對自己的心說謊

　　喜歡上自己之後，發現自己「有這個優點啊！」、「今天也好可愛啊！」每天讓你感到快樂的時間會逐漸增多。

　　可見喜歡自己的人，心中容易累積正面能量。

　　如果你仍然認為：「可是，就是很難喜歡上自己啊。」我要建議你，坦誠面對自己的心。

　　任何人都有過這類經驗吧？——明明心裡百般不願意，卻受到周遭氣氛影響，而做了不想要的選擇。

　　即使如此，你還是無法騙過自己的心。

　　有種道具叫測謊器。

　　當受測量的人回答「是」時，機器會依據心理壓力的數值，來判斷當事人是否說謊。

人在說謊時，會給身體加上極大的壓力，導致血流或心拍數的紊亂。

所以當嘴巴說「是」，但心裡清楚「我在說謊」時，身體就會感受到壓力。

這說明，人這種生物無法欺騙自己的心。如果對自己的心說謊，心中就會增加負面能量。

而且還會厭惡無法坦誠度日的自己。因此要對自己真正的心意更加誠實。

要做到這點，第一步就是傾聽自己「我想這麼做！」的心情。

能夠坦誠面對自己的心，
就能喜歡上自己。

33 傾聽內心的聲音

　　為了讓你的心歡喜、增加心中的正面能量，希望你平常要做到一件事。

　　在做任何決定時，先問問自己的心，不要匆促選擇。

　　例如在餐廳點菜時，不要「和大家一樣就好」。先問問自己的心：「現在想吃什麼？」然後遵從心給你的答案。

　　在猶豫要不要接受某人的邀約時，不要看自己是否有空，或是看對方的臉色來做決定，而是傾聽自己內心的聲音，再決定是否接受邀約。

　　不過，有時也會遇到無法優先顧及自己心情的情況。

　　這時，就安慰一下自己的心：「我知道聽你的比較好。可是今天就為朋友忍耐

一下吧！」

　　重點是知道自己真正的心情。

　　忽視內心的聲音而繼續做出勉強自己的選擇，和傾聽自己內心的聲音再做出決定，兩者會給心帶來不同的影響。

　　如果老是忽視自己內心的聲音，心會感到很悲傷。

　　強化了「反正我的希望是不可能實現的」這種想法，負面能量就會逐漸增長。

　　如果你希望自己的心被正面能量充滿，就必須更誠實的面對自己的心。

你在傾聽自己內心的聲音嗎？

34 不要過度在意別人

日本人具有一種特質——重視「和大家一樣」。

我聽過一個國外的笑話。

有艘船載著世界各國的人，在航海中遇到颱風。緊急救難船不夠用，因此成年男人必須隻身跳到海裡。

船員對害怕跳海的男人們這麼說——

對英國男士說：「你是紳士，你一定做得到！」

對義大利男士說：「只要跳下去，女人就會喜歡你。」

對美國男士說：「跳下去，你就是英雄了。」

對德國男士說：「這是規定。」

然後，對日本男士說：「大家都跳了。」

這個笑話突顯出一點：相較於其他國家的人，日本人具有強烈的「必須和大家一

樣」的意識。這種「和」的精神並非不對，但如果過度重視「和大家一樣」，而讓自己的心做了過多的犧牲時，心中的負面能量就會增長。

比方說，有些人其實很想獨自度過午休時間，卻又擔心不和同事去午餐，會讓自己顯得格格不入，不得已之下，只好和大家一起去吃午餐。

這種忍耐是沒有必要的。雖然必須重視「和」的精神，但有時也要試著表明：「今天我想一個人吃飯。」嘗試一下，或許這就是一個讓你喜歡上自己的契機。

不用每次都配合別人，做出自己想做的選擇吧。

35 做喜歡的事

　　喜歡自己最有效的方法，就是「做讓自己的心高興的事」。

　　所以要多多採取一些行動，讓自己在完成之後感到「好開心啊！」

　　但這些行動，並不是指做起來覺得「很輕鬆」的事。

　　在床上滾來滾去、無所事事是相當輕鬆的，但它並不具備足以令心歡喜的力量。

　　你小時候可能也有過這種經驗。遠足的前一天晚上，因為太過期待而興奮得睡不著。

　　心在歡欣雀躍，指的就是這種體驗。

　　你也一定有過在做某件事時，嘴角自然上揚的經驗吧？

下定決心，把這些開心的時間納進日常生活當中吧。

有位女性想要上鋼琴課。

可是因為「家裡沒有鋼琴」，所以她放棄了這個念頭，直到她買了一部只要幾千元的小電子琴，就開始請會彈琴的朋友為她上課了。

做喜歡的事，一開始不用拘泥於形式。

從做得到的開始，即使只是很小的事也好，讓你的心感到歡喜吧。

做自己喜歡的事，是確實增加正面能量的方法。

36 開始永遠不會太遲

就算知道做自己喜歡的事，是在心中增加正面能量最有效的方法，也有些人仍然不會付諸行動。

我和這類型的人談過，他們都說：「現在開始太遲了。」

然而，不管你要開始做什麼，永遠不會太遲。

開始嘗試的目的，首先是要讓自己開心。可以用更輕鬆的態度來行動。

心理學家賽門頓（Dean Keith Simonton）「創造性曲線」的研究顯示，創造性的最高點，與開始創造活動的年齡無關。換句話說，就是不管從幾歲開始去做喜歡的事，最終一定能夠熟能生巧，一定能夠達到最高點。

以摩西奶奶（Grandma Moses）之名

聞名的田園畫家摩西女士就是最好的證明。她開始提筆畫畫時，已經年過七十了。

　　義大利文藝復興時期的藝術家米開朗基羅，他所繪的壁畫「最後的審判」，是他在六十歲過後，費了五年光陰才完成的。

　　從你往後的人生來看，此時此刻的自己是最年輕。

　　這樣你就能明白，「現在開始太晚了」，只是一個沒有意義的藉口了吧。開啟一段全新的經歷，每個人都會感到歡欣雀躍。

　　鼓起勇氣去嘗試，你的心會充滿歡喜，湧出巨大的正面能量。

不要再說「太遲了」。在餘生當中，現在的你是最年輕的。

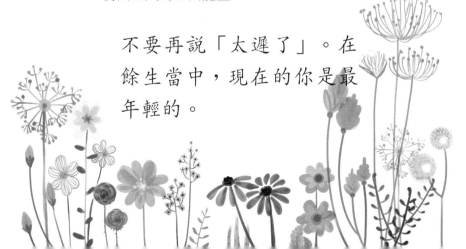

37 不和別人比較

　　心中藏有很多負面能量的人，經常會因為和別人做比較而感到沮喪。

　　如果你習慣去看別人出色的一面，因而覺得「我真沒用」的話，只要一見到別人，就會畏縮不前。

　　當美國 NBA（全美職業籃球大聯盟）的超級巨星俠客・歐尼爾（Shaquille Rashaun O'Neal）還是個無名小卒時，曾有人在採訪時問他：「你想成為像麥克・強森（Michael Duane Johnson）嗎？」

　　那時，俠客是這麼回答採訪者的：「世界上只有一個麥克・強森。我不會成為他，我要成為我自己。」

　　正因為俠客不和別人做比較，也不想成為別人，重視自己的獨特性，所以才成為 NBA 歷代屈指可數的球星。

要增加心中的正面能量，就要改變每當和別人見面時，就陷入自我厭惡的習慣。

見到別人出色的一面時，不用因為不如別人，而對自己感到洩氣。改成讚嘆「好厲害」，並存著敬意來調整自己的心態。

接下來，想想「如果我也要像他一樣快樂，該怎麼做呢？」

如果可以把這種思考方法變成自己的習慣，那麼每次見到傑出的人時，對方就成了鼓舞自己的力量，正面能量就會在心中增長。

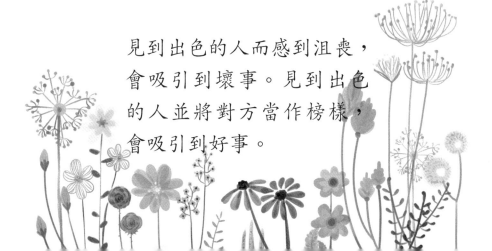

見到出色的人而感到沮喪，會吸引到壞事。見到出色的人並將對方當作榜樣，會吸引到好事。

38 不要過度責怪自己

　　苦於無法喜歡自己的人，多半都是認真又善良的人。

　　他們會優先考慮家人、朋友等身邊的人，最後才會想到自己。

　　他們還有另外一種特徵：一旦發生問題，事情沒有按照預期發展時，容易感到「都是我的錯」。

　　例如有一個被男朋友暴力相向的女性。

　　從第三人的角度來看，明明是動用暴力的男朋友有問題，她卻說：「是我不對」，深深責怪自己。

　　如果她是個很愛自己的人，應該就會生氣的對著她男朋友說：「喂，你在做什麼啊！」然後就和他分手了吧。

　　而有些無法喜歡上自己的人，就算受到別人的傷害，也不會和對方切斷關係。

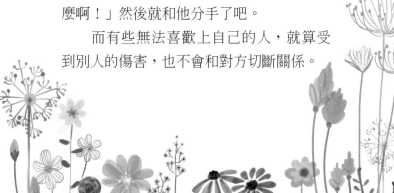

和傷害自己的人維持親近的關係，自己心中的負面能量會源源不斷的增長。但即使如此，當事人卻還是不會從這種關係中逃出來。

　　如果你覺得「我也是這樣」，當你覺得痛苦時，沒有必要光是責怪自己。

　　如果有人刻意傷害你的心，就離開對方。自己的心就要受到傷害時，要保護自己。

　　如果你可以善待自己的心，就能漸漸喜歡上自己了。

當自己的最佳夥伴。

39 安排放鬆的時間

「啊～好舒服耶～」

「呼～好放鬆喔～」

當你的心情舒服、平靜時，心中會產生大量的正面能量。

所以，在日常生活當中安排一段放鬆的時間是有必要的。

有錢時，可以去做做全身按摩或去SPA放鬆一下。

沒錢時，在家裡的浴缸裡放點芳香沐浴劑，或一邊品茶一邊欣賞喜愛演員演的DVD。只要這麼做，心就會歡喜了。

「忙」這個字，是「心」和「亡」組成的。

「拚命」，就是把自己的「命」拿出去「拚」了。

要快樂的過活，就要拋開忙碌和拚命，找出時間來鬆弛自己。

請不要用「等我有空的時候」，或「完成手頭上的工作之後」為理由，來延遲這段放鬆時間，而是要在日常生活的規律中，為它保留一個位置。

因為忙碌的現代人嘴裡的「等我有空時」，是永遠都等不到的。

如果能擁有一段徹底放鬆的時間，心中就能累積正面能量，讓工作和其他事情都順利進展。

放鬆時間能增加心中的正面能量。

40 稱讚自己

每個人聽到別人的讚美，都會很開心。

可是成年人受到讚美的機會並不多。

不但很少有讚美，可能還有人會受到更多的責罵。

我們會因為某個優點被重複稱讚，而逐漸感受到自己整個人都被稱讚了，因而取得自信，其他方面也變得更好了。

心理學術語稱之為「部分刺激的效果擴散」，指稱讚自我一部分的效果，會擴大到自我全體的心理機制。

例如有個很會畫畫的孩子，國語或數學的成績卻差強人意，但持續稱讚這個孩子的畫作，常常找機會讓他發揮繪畫才能之後，其他科目的學習成效也隨之提升了。

可能有人認為：「我做的事情，沒有傑出到能受人稱讚。」

會這麼想的人，想必是對自己的要求很嚴格吧。

我建議這類型的人，要養成自己稱讚自己的習慣。

稱讚的理由可以微不足道。

不用顧慮其他人的想法，每當發現自己的優點時，就讚美一下自己。日本馬拉松選手有森裕子在獲得奧運銅牌時也說過：「我好想稱讚自己一下。」

不要等別人來稱讚自己，如果你能夠自己稱讚自己，心中的正面能量就會持續累積。

發現自己的優點，大方的讚美自己。

第5章
吸引好事的說話方式

41 留意說話的用詞

你對於自己平常說話時的用詞，有多大程度的自覺呢？

心裡怎麼想，嘴巴就怎麼說嗎？

如果是，請你要先想一想。

為什麼呢？因為說出口的話和寫在紙上的字句，它們所具備的能量，遠比一個念頭還要強大。

舉例說明一下。如果你只是心想「我好倒楣」，心中只會增加少量的負面能量。如果你說出：「我好倒楣。」心中就會產生大量的負面能量。

負面能量會吸引負面的事物，常說負面話語的人，運氣自然就會愈來愈差。脫口而出的話語，就是具有這麼強大的能量。

試著觀察一下身邊過得很幸福的人。

他們說話時，很少用到負面詞彙吧？他們用的幾乎都是正面的詞彙，讓聽者也能感受到滿滿的活力。

　　說話時的用詞，對你的運氣會產生極大的影響。

　　換句話說，幸福洋溢的人，並不是因為幸福才使用正面的言語，而是因為使用了正面的言語才得到幸福的。

　　因此，我們要知道自己無意間所用的詞彙，會影響到自己的運氣。留意自己說話時的用詞，就能吸引到好事。

改變說話的用詞，心的狀態會產生巨大的變化。

42 正面語言和負面語言

我們說出口的話語，反映了我們自己的思考方式。

明白了詞彙所具有的意義之後，只消聽聽某個人的說話內容，立刻就能了解他是個什麼樣的人。

話語中攜帶的正負能量所帶來的影響，短期內還可以蒙混過去，如果變成長期的習慣後，就無法再含糊帶過了。

我再具體說明一下。

說話時使用正面詞語的人，心中也充滿了積極的能量。反之，使用負面詞語的人，心中也充斥著消極的能量。

正面言語是指讓說的人和聽的人，都能感受到快樂的話語。

例如：謝謝、沒關係、好開心、好有趣、漂亮、美好、好吃、可愛……等等。

反之，負面言語是指會讓精神萎靡的話語。

　　例如：討厭、生氣、遜斃了、壞透了、最差勁、受不了……等等。

　　只是列舉這些負面詞彙就已經讓我心情變差了。語言就是擁有這麼大的能量。

　　要增加心中的正面能量，使用正面的詞語很重要。

　　我們可以選擇自己要使用哪些詞彙。

　　就算很想要使用負面語言，只要注意繼續使用正面語言，心就會產生極大的變化。

愈常使用正面語言，心中就會增加愈多的正面能量。

43 成為笑臉常開的問候專家

「我明白話語的重要性了，但我不擅長說話，雖然想要用正面語彙，但又擔心沒辦法說好……」

——如果有這種不安，那我建議你先從有意識的微笑和問候開始。

所謂的問候當然包括「早！」、「我先走了！」這些日常的問候，也包括「謝謝」、「對不起」等等。

這些問候裡，帶有「我認同你的存在」、「我很重視你」這種心情。

也就是說，在簡短的問候當中，蘊含著關懷對方的心意。

因為問候所具有的正面能量很強，所以問候他人時，自己也會更加有活力。

也許你會遇到一種情況，就是當你特

地問候某人時，對方卻沒有反應。

　　這時請不要氣餒，你可以這麼想：「問候他之後，我心中的正面能量增加了，這樣就夠了。」心中就不再有芥蒂了。

　　此外，問候時加上微笑也很重要。

　　不習慣笑的人，可以多做練習。早上對著鏡子笑一笑，對鏡子裡的人說聲：「早安！」

　　笑容加上問候，會因乘法效果而產生極大的正面能量。

　　養成問候的習慣後，正面能量就會源源不斷的增加。

開朗問候的習慣，是一種
吸引好事的簡單方法。

44 傳達好消息

幾乎每一個女生都喜歡說話。

我要請「喜歡說話」的女性稍微想一下。

妳多半都說哪些話呢？

如果妳說的總是自己的煩惱，或是對工作不滿這類的負面言語，就令人擔心了。

「今天也被那個前輩刁難了。某某某最差勁了！」

「昨天去的那家餐廳超難吃的，真受不了！」

如果老是在對人事物做批評，心中就會累積負面能量。

不光如此，聽妳說話的人也會接收到負面能量，會對妳留下不好的印象。

想要擁有吸引好事的體質，也要多加留意談話的內容。

　　「我跟妳說一件好消息喔。」

　　「我想起來了，某某先生說妳很可愛喔。」

　　如果經常把好消息傳達給別人，對方就會感到開心。

　　而且妳自己也會因為說出了正面言語，心中增加了正面能量。

傳達好消息，還會繼續吸引好消息。

45 讚美的好處

討人喜歡的最簡單方法，就是讚美對方。

只有極少數的人會不喜歡被讚美。

沒有人會討厭，認同自己作為的人。

沒有人會怨恨，鼓勵自己努力的人。

因此，若有想要親近的對象，請不斷稱讚對方吧！

而且，讚美的言語具有很多正面能量。

所以讚美他人時，自己的心中也會累積正面能量。

除此之外，讚美的對象也不限於他人。

你也可以持續讚美自己。

比方說，當你居然不費力的完成了一件看似不可能的任務時。

這時就這樣稱讚自己吧：「看吧，你辦

到了！」、「你真的很厲害喔！」

　　每次成功完成一次小挑戰時，就稱讚一下自己，你就會漸漸領悟到自己真正的實力。

　　累積不少類似的經驗後，你就能迎接更大的挑戰。

　　讚美的好處不勝枚舉。

　　讚美不僅帶給對方勇氣，也把勇氣賜給自己，是發掘自身隱藏實力的契機。

善於讚美，不僅為對方帶來好處，也對自己有益。

46 用「沒關係」來取代抱怨

「這家公司我不想待了！」

「為什麼只有我要忍受這種待遇！」

習慣這樣抱怨的人，無法吸引到好事。

怨言中含有負面能量，愈是抱怨，壞事就愈容易被吸引過來。

抱怨的原因，多半出自不好相處的對象、或討厭之人的言行。但是我們無法改變別人。所以如果不改變自己的行為或想法，就無法脫離滿腹怨言的處境。

在現實社會裡，我們沒有辦法立刻和辦公室裡的麻煩事、或不好相處的人物保持距離。

如果這正是你的處境，我要建議一個方法。

當你想抱怨時，用「沒關係、沒關係」

來取代原本想說的怨言。這句「沒關係」，並不是用來解決你的問題的。

「沒關係」這句話當中，充滿了正面能量。

所以當你感到焦躁、沮喪時，說句「沒關係」，讓心情平靜下來。

當你想要說：「我被主管罵，好想哭喔……」時，改口說句：「沒關係。我不會因為這樣就灰心喪氣。」

持續說「沒關係」，也許你覺得不好相處的對象，也會在某天突然改變他的態度了。

說聲「沒關係」，可以有效防止負面能量的增加。

47 不要說出輕視自己的話

　　缺乏自信的人，常會說出輕視自己的話。

　　「可是……我一定做不好的。」

　　「這種事終究和我無緣啊。」

　　「我這個人就是這樣啊。」

　　這些話語都否定了自己的可能性。

　　使用這些語言，永遠不會在心中累積正面能量。

　　我會這麼說，是因為輕視自己的話，具有強大的負面能量。

　　而且說出輕視自己話語的人，也會讓別人產生「這個人缺乏自信」的負面印象。

　　如果你習慣使用這類語彙，那麼從現在開始做點改變吧！

　　例如當有人稱讚你時，不要說：「哪

有。」改用坦率的態度接受對方的讚美，並說聲：「謝謝。」

　　還有，要開始進行某件事時，不要說「我做不到」，改口說「我試試看」吧！

　　要將否定自己的話語，改成正面話語時，起初需要一點勇氣。

　　拋開心結試著努力看看，你會變得更開朗、更開心。

117

　　改用正面的言語，想法也會跟著改變。

說出輕視自己的言語，你的自信也會逐漸被剝奪。

48 遠離負面話語

　　我想你身邊也有一些人，特別喜歡說別人的閒言閒語。

　　也有一些人，在你嘗試挑戰時，會冷言冷語對你說：「你不放棄嗎？」

　　也有一些人，會在你開心時，朝你潑一桶冷水：「不要太得意忘形喔。」

　　如果對方是真心為你著想，希望你多加小心留意，就不需要介意。但某些人說這些話時，多半是出於妒忌，言語當中充滿了負面能量。

　　所以和這類型的人說話時，你會感到精神被消耗了。

　　如果你身邊也有這類型的人，就逐步和對方拉開距離吧。

　　這種人對自己沒有自信，當其他人要得到幸福時，害怕自己落單，因此無法激勵或幫助別人，也無法祝福別人。

就算你全心全意要培養積極的想法，要讓它變成自己的思考慣性，但如果你身邊都是這類型的人，就會使你更常感到失落和焦躁，讓你的心轉向正面能量的難度就變高了。

你可能會認為：「我懂你說的，但他們畢竟是我的朋友啊。」

可是，真正的朋友是那些會提醒你小心留意，而且會希望你得到幸福並支持鼓勵你的人。並不是認識得久、相處時間長的，就叫朋友。

與常說負面話語的人保持距離，是讓自己獲得幸福的重要一步。

經常說負面語言的人，不會給你帶來正面的影響。

49 抑制怒火的魔咒

　　只要一想起討厭的人，負面能量就會在我們心中累積。而且負面能量還會吸引負面的事物。

　　所以，不管對方有多討人厭，經常說對方的壞話，對自己並沒有好處。

　　「可是，我就是沒辦法不去想某人的事。」這時，就需要動用抑制怒火的魔咒了。

　　這句魔咒，就是「希望某人幸福快樂」這句話。

　　有人會說：「我才不要說呢！」可是這句話，並不是說給對方聽的，是為了不要增加你心中的負面能量而說的。

　　就算你心口不一也沒關係，每當你想起討厭的人時，試著說出：「希望某人幸福。」

說出這句話後，對方帶給你的怒氣或厭惡感會沉澱下來，心情也恢復平靜。

　　因為當你希望他人幸福時，心中的負面能量就會轉化成正面能量了。

　　心中的負面能量減少了，心情自然也會受到影響。

　　憤怒會吸引壞事。

　　如果你「容易動怒」，請馬上改掉這種慣性吧！

　　「希望某人幸福」，這句話重複千百遍都沒有危害。多說幾次，直到心情平靜下來，讓負面能量漸漸消融。

祈禱別人幸福的言語，是
療癒消極情感的特效藥。

50 傳達感謝的心意

「謝謝」，這句話擁有極為強大的正向力量。

不管重複多少次「謝謝」，永不嫌多。

我在這裡建議你，寫張謝卡給關照過你的人。

當有人親切的對待自己時，或和某人共度歡樂時光時，我們都會對對方抱持「感謝」的心意。

可是只有很少數的人，會將這分心意重新傳達給對方知道。

當然你可以在道別時，向對方說聲：「今天很謝謝你。」

但若真心想將自己感謝的心意傳達給對方，可以在回家後寫下感謝的心情，以明

信片或信件的方式郵寄給對方。

　　寄明信片或信件，不需要多少時間和金錢。

　　可是幾乎所有的人都不會這麼做。

　　理由似乎是「很麻煩」，但寫信、寄信真的就這麼麻煩嗎？

　　聽說有位女性總是隨身攜帶郵票和明信片，隨時寄明信片給關照自己的人。

　　那位女性受到很多人的喜愛，二十幾歲就創業，事業有成。

　　她把無數次表達自己謝意的「謝謝」寫在明信片上，心中的正面能量持續增長，這也是她成功的理由之一吧。

每一次說「謝謝」，負面能量就會轉變成正面能量。

第 6 章
吸引好事的
人際關係法則

51 和相處愉快的人來往

　　要打造能增加自己心中正面能量的人際關係，其基本法則就是和相處起來很愉快的人來往。

　　這個法則看似理所當然，但仔細想想，能夠做到的人並不多。

　　例如你有個學生時代交情不錯的朋友，現在也保持往來。

　　如果你拒絕對方的邀約，可能會破壞彼此的關係，因此就算你心裡不樂意，還是會努力維持這分交情。

　　雖然相處起來讓你感到很累，但因為不是每天都這樣，你就勉為其難，繼續維持著這段友誼。

　　每個人都有幾個這種朋友，是因為這種

消極的理由而繼續維持友情的。

　　和他們見面時會讓你感覺「啊，好累啊……」甚至會對其他朋友抱怨：「今天和某某某見面了，他好陰沉啊～」

　　人是一種會受他人影響的生物。

　　即使你全心全意要表現積極的行為舉止，但只要遇到具有強大負面能量的人，負面能量就會流入你心中。

　　因此，和這類型的人往來，只會增加自己心中的負面能量。

和讓你真心感到喜悅的人來往，而不要只是為了維持關係。

52 不要害怕人際關係產生變化

前面說到，要和相處時能讓心中湧出正面能量的人來往。

但我並不是建議你，馬上切斷和相處不融洽的人之間的關係。

我的重點是，「不用勉強自己去維持人際關係」。

如果你覺得每星期見面太累了，就減成一個月一次或兩次，有很多方法可以調整。

而且也不需要有罪惡感。

如果你有「雖然不再喜歡了，但切斷一直持續至今的關係是不對的」這種刻板印象，那就必須重新思考一下了。

人與人之間的緣分，有分有合，在人生當中不斷變化。

如果有人過去和你很親近，但現在卻不再見面了，這也並非不可思議。

如同「物以類聚」這句話，相似的人會成為朋友。

人人都會成長，可是並不見得每個人成長的步調都相同。

被成長得更快的人拋在後頭，或是超越成長得比自己慢的人，都是很自然的事。

如果有緣，即使要暫時分開，往後還是能重拾羈絆與情誼。

不要過度執著某個特定對象，而讓自己的心堆積了負面能量。

如果每次相見都會增加負能量，那就不是友情。

53 　謹慎觀察，慢慢接近

　　在還不夠了解對方時，就突然表現得過度親近，也會導致人際關係失敗。

　　有些人能聊得很起勁，有些人態度很放得開，初次相見就能聊到天南地北，因而讓人心生「可以交朋友」的感覺。

　　如果因此迅速的親近對方，結果可能會讓你感嘆：「怎麼會這樣……」

　　有位兼差的女性有過類似體驗。

　　在異業聯誼會結束時，鄰座的女性滿臉笑容的找她說話。

　　不擅長和陌生人來往的她，滿心歡喜的以為可以和這位女性交上朋友，於是兩人馬上交換了電話號碼，還約好改天再聚。

　　再度見面時，才知道對方從事的是寶石販賣，讓她聽了好幾個小時的高價寶石推銷話術。

她沒有閒錢，所以拚命表示自己不會買，好不容易才擺脫推銷，回家後感到精疲力盡。結果當然，她和那位女性並沒有成為朋友。

　　她反省當時的自己：「一開始就急著要親近對方是錯的。」

　　交新朋友當然很棒。

　　但是，社會上有各式各樣的人也是事實。

　　和剛認識的人再次見面前，先花點時間弄清楚對方的職業和人品等等，才能保護自己。

真正強韌的羈絆，是慢慢
建立起來的。

54 去察覺人際距離

　　與人來往的重點之一，是經常去察覺到自己與對方之間的人際距離。

　　自己感受到的與對方之間的距離，和對方感受到與你之間的距離，兩者大致相同的話，你們就能持續來往，彼此都不會感受到壓力。

　　而衡量彼此之間感受距離的基準，是說話時的用詞。

　　如果對方說話很客氣，表示對方還沒解除戒心。如果對方以輕鬆的態度、親切的語調和你說話，也許對方想要縮短你們之間的距離。

　　還要注意，如果有不熟的人用熱絡的言語來接近你時，對方或許懷著特定的目的。

　　另外，和對方說話時，你也可以透過用詞來調整彼此之間的相處距離。

如果你想要親近對方，可以嘗試用比較熟稔的言語；如果對方是不好相處的對象，就用禮貌恭敬的言語吧。

　　善於維持良好人際關係的人，都能夠將這種人際關係距離拿捏得非常精準。

　　他們能夠迅速察覺到對方以多大的距離感來接近自己，並且用不過於親近也不過於疏遠的距離感來回應對方。

　　在對方解除戒心之前就過度親近對方，不免會招來冷淡的對待，讓自己感到氣餒。

　　為了避免這種情況，就要盡量配合對方的步調，來逐步縮短彼此之間的距離。

找到適當的距離感，可以
避免失敗的人際關係。

55 不要控制對方

　　抱持著「遇到這種情況，他應該這麼做才對」這種刻板想法的人，似乎更容易遭遇人際關係的困擾。

　　比方說Ｂ小姐不滿Ｃ小姐的行為。

　　原因出在「Ｃ小姐老是遲到」。

　　Ｂ小姐心中堅信，必須「要遵守約定的時間」。

　　但是，對Ｂ小姐來說是百分百正確的事，從Ｃ小姐的角度來看，就不見得是如此了。

　　Ｂ小姐希望Ｃ小姐變成自己期待的那種人。

　　可是這個期待並沒有成真，因此Ｂ小姐很生氣，又覺得有壓力。

　　有人對Ｂ小姐提出忠告：

　　「這就是Ｃ小姐啊，這是妳無法改變

的。如果妳討厭 C 小姐遲到的習慣，就不要再和她來往了。可是，如果妳明明知道 C 小姐老是遲到，還是想和她繼續來往，那就應該接受她遲到的習慣啊。」

聽到這個忠告之後，B 小姐就放棄改變 C 小姐的念頭。之後兩人相約都在咖啡廳碰面，等人的時間 B 小姐就用來看書。

B 小姐還是要等待，但不再煩躁，也不會覺得要不要答應赴約壓力很大了。

這個案例可以當作「放棄將自己的觀念強加在他人身上，讓人際關係變輕鬆」的範本。

不要用自己的期待來要求別人改變。對方在認識你之前，就已經是這個樣子了。

56 過度忍耐會讓心悲傷

人人都說，日本人是很擅於忍耐的民族。

理由之一是日本是個小小的島國。因為無法輕易逃出這座島，遇到討厭的事只能忍耐，和身邊的人保持穩定的關係。

現在有飛機可搭，瞬間就能飛到遠方，狀況和以前不同了。

可是日本人仍然認為忍耐是理所當然的，因而在人際關係上備感壓力。

當然，忍耐不是缺點。

甚至可以說是日本人的美德。

但是，沒必要做到笑著面對想要傷害自己的人吧？

如果有人嘲笑你，或蓄意要傷害你，

請與對方保持距離。

當你嘗試挑戰時，若有人不但不支持你，還用「你認真的嗎？你怎麼可能辦到！」這些話來打擊你的勇氣，也和他們保持距離吧！

為了守護自己的心，每個人都有權利讓對方明白「你的話讓我很傷心」、「請別這麼說」。

一味忍耐，對方的態度並不會改變。

在超出忍耐限度之前，讓對方清楚知道你的心情。

57 幫助別人，就是幫助自己

　　不想在人際關係上累積壓力（不要在心中增加負面能量），最好的方法之一是讓自己成為討人喜歡的人。

　　你周遭的人如果對你有好感，自然就不會攻擊你或挖苦你。

　　要討人喜歡，最實際有效的方法是「在能力所及的範圍內幫助別人」。

　　有很多方式可以幫助別人。如果有同事在為工作苦惱時，伸出援手幫忙，或把你知道的資訊告訴正在尋找它的人。

　　答應別人的邀請、接受別人的請託，也能讓對方高興，具有同樣的效果。

　　重點是「在能力所及的範圍內」。如果你真的不願意，就不需要有任何作為。

有一位人氣插畫家，才 30 歲就在業界相當活躍。

她說：「我從來沒有拒絕過工作。」

所以，找不到人來處理緊急案件的公司，經常會把工作交給她。

接下這種急件，壓力當然很大。

但她說：「雖然熬夜很辛苦，但能工作就很開心了。」她接下這些案件後，通常下一個條件較好的工作也就跟著進來了。

她透過工作幫助了別人。

這或許就是她有人氣的祕訣吧。

如果自己做得到的事能讓別人開心，那就積極伸出你的援手吧！

58 善於拒絕，讓壓力消失

前面說過幫助別人的重要性。

但是，我們無法對所有的事都提供幫助。一定會遇到必須說「NO」的情況。

「NO」說不出口，是感受人際關係壓力的原因之一。

拒絕他人時，很多人都會感到罪惡。

這類型的人，也有延遲答覆的傾向。

但是，如果用「可以去的話就去喔」、「行程確定之後再聯絡喔」等理由來推延，會讓對方心生「一定可以來吧」的期待。

這樣一來，拒絕的難度更高了，而被拒絕的一方也會覺得「早點說不就好了」，而感到不滿。

所以當你真的不能接受邀約時，在被邀約的當下就馬上拒絕。

不用詳細說明拒絕的理由。

「那天剛好有事。抱歉,下次再約。」

帶著笑容去回絕。雖然瞬間需要鼓起勇氣,但不會在彼此的心中留下不愉快的感受。

收到結婚請帖或電子郵件要你確認出缺席時,盡量在數日之內回覆對方。

「不去很傷感情」、「要用什麼理由拒絕呢?」──當你在猶豫煩惱時,心中的負面能量就不斷增加了。

你有選擇的權利,不用為拒絕感到罪惡。

59 不要讓別人的煩惱變成自己的壓力

　　有些人因為過度介入別人的煩惱，而在人際關係上感到壓力。

　　例如有位女性，閨密 Ａ 小姐的戀情反而變成了她自己的壓力。

　　「男人為什麼要出軌呢？！我朋友 Ａ 小姐也和已婚的男人在交往。男人真的很壞。如果要和 Ａ 小姐交往，應該要先和太太離婚再說吧。真是的！」

　　──她經常氣憤說道。

　　因為她心中的負面能量翻騰不休，所以老是吸引不到好事。

　　像她一樣，讓別人的問題變成自己心中負擔，這種人多到出乎意料。

　　而這類型的人當中，有不少是具有強烈正義感的人，也有善於照顧別人的人。

為朋友感到擔心，這種心情能夠理解。

這並沒有錯，但別人的問題，終究還是別人的問題。

Ａ小姐的問題，只能讓Ａ小姐自己去解決。

當然，如果對方誠心來徵求你的意見，那麼就要把自己的心情傳達給對方知道。否則，只要保持距離，默默看著事情的進展即可。

只要在心裡祈禱「希望她的煩惱早日解決」、「希望她能得到幸福」，就很足夠了。

你無法解決別人的問題，
默默守護對方就可以了。

60 別爭吵，默默離開

　　聊天時，多少會遇到和你價值觀不同的人，讓你多次感到「某某某說的話，怎麼這麼奇怪！」

　　這是因為你和對方的價值觀不同。

　　「我認為你說的不對。」——如果你這時提出反對意見，聊天就會演變為爭吵，把氣氛弄僵。

　　接下來，你心中就會累積負面能量。

　　如果事關工作，短暫的爭論當然是無法避免的。

　　但如果是在私人的人際關係中和別人發生衝突，讓自己心中累積負面能量，這倒是沒有太大的意義。

　　假設你占了上風，讓對方認輸了，或許你一時感到很爽快，但他人對你的觀感或許也會因此而變差。

日本有句俗語說：「有錢人不吵架。（金持ち喧嘩せず）」的確，如果冷靜思考一下自己的利益，不吵架、避免當場的爭論，能讓你受益更多。

如果你覺得「和某人合不來」，你只需要靜靜的遠離對方。

然後忘掉對方，讓自己快樂起來。

過去與合不來的人相處，那段時間所累積在心中的負面能量，會立刻開始轉換成正面能量。

誰對誰錯，都沒關係。

最重要的是讓自己快樂起來。

不要執著於對錯，執著於幸福吧。

第 7 章
吸引好事的戀愛法則

61 增加見面次數

社會心理學家羅伯‧查瓊克（Robert B. Zajonc）提出在人際吸引力中所謂的「重複曝光效應（mere-exposure effect）」，簡單來說，就是我們對經常見面的對象容易產生好感。

換句話說，人類具有「愈見愈愛」的心理。

所以你可以增加和喜歡對象的見面次數。

要親近對方，最好的方法是見面，並讓對方留下好印象。

但在運用這個法則時，需要特別注意一點。

如果你給對方留下不好的印象時，情況就倒過來了，你們見面次數愈多，你就會愈討人厭。

當你感到「最近他好像都在避開我」時，先不要勉強去增加見面的次數。

遇到這種情況，在他改變態度之前，暫時保持距離觀望一陣子。

如果勉強對方見面，當他打從心底討厭你之後，就很難扭轉這個局面了。

談戀愛是一件雙方共同參與的事，所以相對於「在工作上吸引好事」這種一個人就能處理得來的情況，吸引戀愛的願望通常需要更長的時間。

請牢記：時常提醒自己不要著急，冷靜判斷對方的心情之後再採取行動。

開啓戀情的第一步，是增加見面的次數。

62 給予對方正面能量

有一個終極法則，可以讓你喜歡的人也喜歡你。

當你們在一起時，你的言行要能夠讓對方的心湧出很多的正面能量。

如果他和你聊天時，心中的正面能量增加了，他自然會感到「和某某某相處起來很開心」、「和某某某在一起時，我全身都充滿活力」。

這是戀情萌芽的第一步。

因此，當你和他聊天時，有意識的使用正面語言吧！

如果你和喜歡的人聊天時，不小心脫口說出：「今天遇到這件事，心情糟透了！」、「某人真令人火大耶」，最好立刻中斷這些話題。

有人也許會認為：「只是把自己的心情坦白說出來而已，這樣不對嗎？」

可是，你也必須反過來想想對方的心情。

你把負面能量吐出來，心情可能就爽快多了。但是對方被動的接收你的負面語言時，或許心裡正在想：「某某某說這些話給我聽，我該怎麼辦⋯⋯」

每個人都喜歡相處起來很愉快，又能給予自己活力的人。

把大量的正面能量灌注給你喜歡的人吧。

盡量製造一些契機，讓對方的心能夠產生正面能量。

63　傳達正面的感受給對方

　　與對方相處時，盡量使用正面語言，給他的心正面的影響力。

　　最簡單又有效的方法，是對他為你所做的每件事，都坦然說出：「我好開心。」

　　「能和你見面真開心」、「你打電話給我，好開心」、「你約我出來，真開心」等等。

　　說這些話時，可能會感到有點害羞吧。但是，人就是知道自己讓別人開心時，連自己也會開心起來的生物。

　　當你說「開心」的次數愈多，你喜歡的人也會受到影響而開心起來。

　　然後，對方會覺得：「還想再和某某某見面啊。」

　　反過來說，盡量不要對他為你所做的事表示不滿或抱怨。

當你用負面語言攻擊他時，他心中的負面能量就會增加，導致他對你的印象也變成負面了。

如果再也忍不住而想要抱怨時，請改用貼心的語言，讓他的心中不會產生負面能量。

比方說，「為什麼不打電話給我？不是說過要打電話的嗎！」這種氣話，可以改用「昨天你沒打電話來，有點寂寞。明天打電話給我，我會很開心。」來取代。

如果你能將正面能量帶給你喜歡的人，戀情一定會一帆風順。

傳達正面感受，對方的心也會被溫暖。

64 認真傾聽對方說的話

　　要讓喜歡的人愛上自己，讓對方覺得「和某某說話真開心」是很有效的方法。

　　因此，你要讓自己「善於傾聽」。

　　在你身邊，是否也有人會讓你感到「和他在一起時，總是有更多話可以說」呢？

　　不管他們是有意的或無意的，他們都具備了引導對方說話的技巧。

　　引導說話的技巧究竟是什麼？

　　答案是「點頭表示同意」。

　　點頭是一種積極傾聽對方說話的態度，也是理解對方說話內容的證據。

　　某個實驗證明，說話者在傾聽者積極點頭的說話時間長度，和傾聽者完全不點頭的情況相較，增加了50%。

這表示傾聽者在談話中加入點頭的動作，引導說話者說出想說的話。

　　每個人都希望有人聆聽自己說話。

　　因此，對傾聽自己說話、聊得很開心的人，一定會抱有好感。

　　所以，當你和喜歡的人在一起時，一定要認真聆聽對方說話。

認真傾聽對方說話，你漸漸就會成為對方心中特別的存在了。

65 有同感讓心更接近

　　贊同對方的意見，是讓喜歡的人也喜歡自己的有效方法之一。

　　每個人都對自己的意見是否正確，沒有十足的把握。

　　談話間，心中也藏著「若被反對會覺得不舒服啊」這種心情。

　　因此，如果對方不會批評自己、不會百般挑剔而接受自己所說，並表示贊同時，會感到非常高興。

　　你喜歡的人，喜歡哪些話題呢？

　　他應該也經常在尋找肯定自己的人。

　　當你和他聊天時，盡量使用「我同意你」，贊成他的意見。

　　對方發現你和他有同感時，就會對你抱持好感。

此外，當對方不安時，如果用「一定沒問題」來鼓勵他，對方也會很開心。

　　如果你喜歡的人不知如何是好、意氣消沉時，可以對他說：「你一定做得到。」

　　支持和肯定對方的言語，是正面能量的凝聚體。而且，這些言語當中也蘊含著承認對方的實力、相信對方能夠成功的貼心關懷。

　　時時表示同感並加以支持，你和他之間就能發展出特別的關係。

沒有人會對和自己有同感的對象感到不愉快。

66 不要催促

談戀愛時，總是會很在意對方怎麼對待自己。

也會認為對方應該要一直想著自己，把自己的事情放在第一順位。

所以，當你傳電子郵件、在電話語音信箱留言後，如果對方沒有馬上回覆，內心就會感到不安。有時也會忍不住去催促對方回覆。

但是，我不建議你去催促對方回覆郵件或電話。

為什麼呢？站在對方的立場想想看，被催促的感受並不舒服。

「都忙到沒時間回了，還傳那麼多次訊息來，太黏了吧！」

「都說過我會主動聯絡了，是不相信我說的話嗎？」

——說不定對方會這麼想。

當你傳郵件、在手機留言時，對方當時並不一定處在能夠馬上回覆的狀況下。

有人會說：「我都是立刻回覆。」但這是你自己的意願，不能用來強迫對方接受。

很多男性喜歡能夠讓自己自由的女性。

如果不是特別緊急，就算對方回覆得較晚，就靜下心來等待吧。

讓自己保持「有時間時再回覆我」的心態，自己也不會感受到壓力。

催促對方回覆，就是給對方壓力。

67 談戀愛的準備做好了，戀愛就來了

　　心儀對象還沒有出現的人，你做好談戀愛的準備了嗎？

　　「可是我都沒碰到可以談戀愛的對象啊！」、「我是很想要交男朋友啊，但為了談戀愛而採取行動，實在很麻煩。」

　　然後繼續度過和昨天一樣毫無緊張感的一天。維持放棄戀愛的心態，心中並不會增加正面能量。所以不管再過多久，現狀都不會改變。

　　我希望想談戀愛卻缺少動力的人，一定要做好談戀愛的準備。

　　坐著等，戀愛也不會來。

　　「今年或許會有好緣分！」、「我一定也有一個命中註定的對象。」

　　首先，一定要相信美好戀情會出現。

　　想像一下和體貼的男友約會的情景，讓自己的心充滿期待。

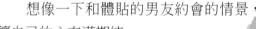

就像隨時都會遇到真命天子一樣，出門前把自己好好打扮一番，用溫柔的微笑對待每一個人。不久之後，你心中的正面能量就會增多。

接下來就能夠吸引到命中註定的對象。

「像我這樣，帥哥才不會多看我一眼呢！」——陰鬱又缺乏信心的女性，吸引不到男性。

大多數男性喜歡的，是心中充滿正面能量、性格開朗的女性。

改變你自己，男性對你的態度就跟著改變了。

想談戀愛，就要做好談戀愛的準備。

68 不要敗給不安

談戀愛時，每個人會感到不安。

男友傳來的電子郵件比昨天短一點、他曾經和別人交往過，再怎麼微不足道的事，也會令人聯想到「他是不是變心了」，而感到不安。

不安，會增加你心中的負面能量。

負面能量一增加，男友可能就會離開你。

為了避免這種悲劇發生，即使感到不安時，心中也要堅信兩人之間的羈絆。

有個男性曾經說過：

「我之前的女朋友很愛擔心，老是懷疑我出軌。明明是沒有的事，她卻每次見到我就說：『你偷吃了吧？』實在令人火大。時間久了，我也覺得她若要一直懷疑我，

我就真的去和別人交往看看吧，於是就和她分手了。」

如果這位女性不要懷疑他，願意信任他的話，也許就不會以分手收場了。

她自己摧毀了自己的戀情。

戀愛的進展，是由自己的心決定的。

「沒關係，他一直對我很好。」

「我相信他。」

抱著堅定的信心來培養兩人的戀情是很重要的。

堅定的信心，是克服不安的唯一方法。

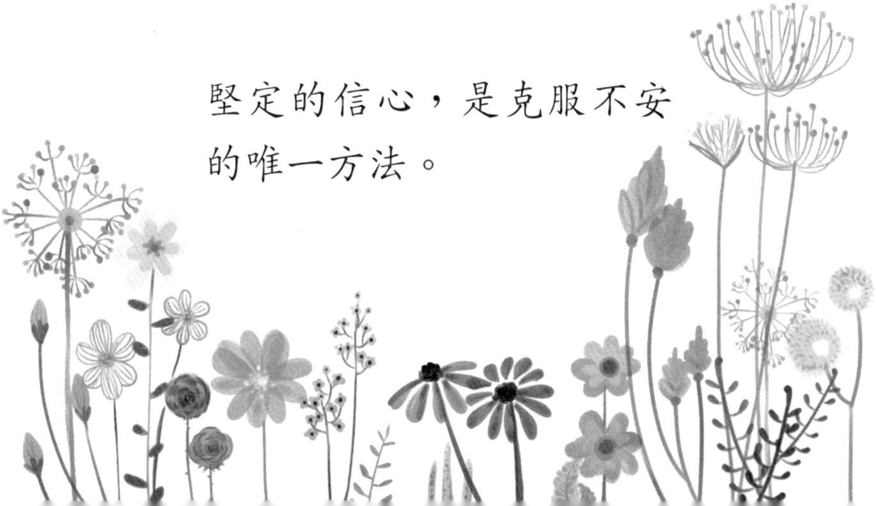

69 擁有原諒對方的寬宏度量

互相喜歡的兩個人，也不見得每次都能和諧相處。

對方也是人，有時身體會不舒服，有時想要一個人獨處。如果你老是為這些事情對他生氣，或心情低落，你心中的負面能量就會增加，讓你身心俱疲。

談戀愛理應讓人變得開朗。如果你經常哭泣或生氣，是因為你自己容易受到對方的一言一行的影響。

比方說，很少人能夠在對方取消約會時，笑著說：「好吧，那我們下次見。」

反倒是有更多人會氣呼呼的說：「早就約定好的，為什麼不守信用啊！」

如果你想在談戀愛的同時增加心中的正面能量，好讓戀情變得更深厚的話，為

小事生氣反而會造成反效果。

因為憤怒會讓負面能量在自己和對方的心中增長。

那麼要怎麼做才好呢？你就這麼想吧：「他不會依照我的期待來行動，這是理所當然的。」

當他溫柔體貼的對待你時，你會更加感到開心。你也不會再那麼在意他的失誤了。

給男性自由，對方會覺得「有女朋友很自在啊」。能夠讓男性感到自在的女性，會一直深受寵愛。

不要在意對方的失誤，把自己變成讓對方感到自在的女性吧。

70 戀情持久的祕訣

有些情侶在交往一段時間後，感情會進入倦怠期。

但也有些情侶，不論交往時間的長短，都像剛談戀愛一樣甜蜜。

這兩種情侶的差異在哪裡呢？

兩者的差異在於，和當初相比，兩人相處時感覺到正面感受的時間，是減少了？還是增加了？

剛交往時，只要在一起就能讓彼此有新鮮感，只要眼神交會，心中就湧出正面能量。

但漸漸習慣彼此的存在之後，新鮮感不再，眼中也看得見彼此的缺點了。

兩人之間開始出現倦怠期的徵兆時，如果不努力去調整，相處時感受到的負面能

量多於正面能量，就會因為倦怠期的到來
而分手。

　　不讓正面能量減少的方法之一，是讓對
方持續對自己保持興趣。

　　不要因為習慣了彼此，就不再重視穿著
打扮了。一個簡單又有效的方法，是花點
功夫裝扮一下自己，讓對方覺得「每次見
到女朋友，都有新鮮感」。

　　此外，每年規畫兩個人的旅行，找出彼
此共通的興趣，增加相處時的快樂時間，
也能有效增加正面能量。

兩個人一起持續創造正面
能量，是戀情長長久久的
祕訣。

第 8 章
吸引好事的生活習慣

71 曬太陽

陽光，就是正面能量。

植物曬太陽行光合作用，會逐漸成長茁壯。

同樣的道理，人類也能透過陽光獲得很多力量。

陽光能令人快樂，這點可以從日照率和自殺之間的關係得知。

北歐是世界上自殺人口最多的國家。

理由當然不只一個，但其中之一是日照時間太短。

此外，整個歐洲也因季節變換而大幅影響到日照時間的長短。在幾乎見不到陽光的季節，憂鬱症患者的人數似乎也會增加。

如果你想要增加心中的正面能量，就要

積極曬太陽。

　　尤其是朝陽，正面能量特別強。

　　元旦清早看日出，是日本人的習慣。

　　這表現出日本人內心的願望。沐浴在元旦的晨曦中，增加心中的正面能量，祈願該年也能夠幸福美滿。

　　當你感到「怎麼都提不起勁」時，請你明天早起，去曬曬朝陽，同時做幾次深呼吸吧。

　　借助朝陽的力量，可以吸引到幸福。

陽光的正面能量，是分享給自己的幸福。

72 姿勢端正

端正姿勢後，心中就會累積正面能量。

原因是姿勢一端正，內臟會回到原本正確的位置，身體感到「好舒服」的緣故。

感到「舒服」，心中自然就會累積正面能量，也增加了吸引好事的機會。

端正姿勢，還具有其他效果。

姿勢端正時，顯得比平常更美，這對女性朋友來說是個好消息吧。

想像一下模特兒們走路時的姿態。她們每個人走伸展台時，都把腰桿挺得直直的，無一例外。

因為挺起腰桿時，不僅臉孔顯得更美，身形也更加迷人。

而且挺直腰桿走路也顯得落落大方，

自信又帥氣。

　　有意識的端正自己的姿勢，再看一下反射在櫥窗上面的影像，你會驚訝於自己顯現出的美。

　　此外，挺直腰桿也能讓肺部擴張。

　　所以腰桿挺直了，就能讓身體吸入更多新鮮的空氣，有益健康。

　　姿勢端正對身心都有益處。

只要挺直腰桿，身心都會朝氣煥發。

73 培養運動的習慣

在各式各樣的運動當中，我最推薦的是有氧運動。

一般來說，只要是「造成身體一定程度的負擔，同時持續一段長時間的運動」，都可視為有氧運動。

具體來說，包括走路、跑步、有氧健身操和游泳等等，種類很多。

「有氧運動」名符其實，就是會使用到氧氣。

透過運動將新鮮的氧氣吸進體內，也能讓身體有效增加正面能量。

新鮮的氧氣當中，含有很多正面能量。

運動過後，會排出體內的汗水和二氧化碳，也具有很好的排毒效果。

但是如果做了對身體負荷太重的運動，反而會造成疲勞。當你運動完之後，感到「流了點汗，好舒暢！」這就是最理想的有氧運動。

　　我最推薦的是走路。

　　游泳或有氧健身操，多半需要利用運動中心或泳池。

　　但在自家附近就能走路了。一邊走路，也可以一邊聽音樂、一邊想事情。

　　走路可以說是最適合忙碌現代人的運動了吧。

透過有氧運動，把氧氣和
正面能量一起吸進來吧！

74 吃當季的食物

植物和水果當中都蘊含著能量。

我要建議，從食物當中攝取正面能量。最好是吃當季的新鮮蔬菜和水果。

當季蔬菜，本身就是大自然的恩惠。

其中蘊含了大量的正面能量，以及非常豐富的養分。

當你感到「最近都提不起勁」時，回顧一下自己的飲食方式，原因很可能只是沒有攝取足夠的當季蔬菜和水果而已。

尤其是單身族的人，經常以外食或速食來解決一餐。

但是外食和速食都缺少蔬菜和水果，因此能從食物當中獲得的正面能量也會變少。

此外，食物經過加熱或工廠加工後，能量就會減少，因此盡量選擇加工程度較少的食物，幫助自己攝取更多的正面能量。

有位女性這麼說過：當身體不舒服時，吃了鄉下老家寄來的米飯或蔬菜後，不僅體力恢復了，心態也變得更加積極。

這可以解釋成，她接受了蘊含在新鮮食物當中正面能量的影響。

不必對該吃什麼過度敏感，但可以稍微有意識的注意一下自己吃進的食物種類。

將當季食物中的正面能量吸收到身體裡吧！

75 打掃讓心情煥然一新

蘊含能量的，不只限於人的心、語言和食物。

我們周遭的事物當中，也都含有正面能量或負面能量。

為了讓自己的心變得正向，就需要減少身邊含有負面能量的東西。

我特別推薦打掃房間。因為垃圾、髒污、灰塵，就是負面能量的凝聚體。

我過去曾經在報上讀過一段文章，有位犯人說了以下這句話：

「當我回家時看到房間都沒有打掃，東西亂得到處都是。那瞬間我心想：『完了』，於是下定決心做案。」

這句話說明了場所的能量對人產生的影響。我們也可以反過來思考一下：「如

果這個房間很乾淨，即使只能為這個人的心增添少許的正面能量，這起案件或許就不會發生了……」

人的心，在無意識間受到環境很大的影響。

最近感到精神不濟的人，或許是因為房裡堆積了灰塵。

當你心情低落時，打開窗戶，拿出吸塵器吸走灰塵，再收拾一下桌上和架上的東西吧！

打掃完後，你的心情應該就會煥然一新。

動手打掃一下，讓家中的
負面能量退散吧！

76 丟掉不需要的東西

家裡還有許多帶有負面能量的物品。最具有代表性的，就是用不到的東西。

舊了不用的東西、人家送的卻用不到的東西、壞掉的東西、快壞了卻沒修理的東西……。

這些東西都具有負面能量。

拿出你很喜歡的新衣服，和好幾年都沒穿過的衣服擺在一起看看。

看到喜歡的新衣服時，你一定打從心裡開心，而一直都沒穿的舊衣服卻讓你莫名的感到心情低落吧。

已經不穿的衣服，以及已經不再需要的物品，這類東西是產生負面能量的原因。

所以，下定決心丟掉已經不用的東西吧。

丟東西，總是會讓人有罪惡感。

那麼，不要默默的丟。在把東西裝進垃圾袋時，對它說聲：「這段時間謝謝你了。」這種正面語言能幫助你順利處理掉不用的東西。

丟掉不用的東西後，心情會感到煥然一新。

那是因為不用的東西所帶來的負面能量消失了。

放手丟掉不需要的東西，心情會變得更加開朗。

丟掉家中不用的東西，連心都會煥然一新。

77 找時間冥想

如果你發現「最近吸引的效果不太好」，可能是因為心中的負面能量增多了。

給你一個建議。

當你不太順利，或精神不振時，做做瑜珈的放鬆姿勢，同時冥想一下。

放鬆的姿勢令人感到非常安心，非常舒服。

而且冥想具有緩和壓力的效果，冥想時，心情就會逐漸開朗起來。

介紹一下具體的做法：

首先，面朝上躺在地上，閉上眼睛。

接著，雙手掌心朝上，放在身體旁邊30度的位置。

然後，雙腳也打開約30度。

再將全身放鬆。

在身體全部放鬆的狀態下，想像自己在山中或高原等大自然中深呼吸，非常輕鬆、非常舒暢的樣子。

接下來，身體的緊繃消失了，你會被很舒服的感受包圍。

只要有空，就像這樣冥想十分鐘。

知道如何將自己心中的負面能量趕出體外的方法，能幫助你活得更快樂。

透過冥想來放鬆，可以增加正面能量。

78　以嶄新的心情迎接每一天

　　想要同時吸引多個好事，需要大量的能量。

　　為了實現這個願望，要牢記：即使前一天才發生過討厭的事，都要統統忘掉，以積極的心情來迎接下一個早晨。

　　我建議你一早醒來時，就大聲說：「今天也是美好的一天！」

　　即使到昨天為止，你遭遇過許多痛苦，不代表今天一定也會有痛苦。

　　之前也提過，語言就是能量。

　　「今天也是美好的一天。」說出這句話的人，好事真的會發生在他身上。

　　反之，早上一睜開眼睛就想起昨天倒楣事，忍不住嘆道：「昨天真的受不了啊。」這個人應該也會像昨天一樣吸引到負面事

物吧。

「可是早上醒來，還是趕不走昨天的憂鬱心情時，要怎麼辦？」

——也許有人有這種困擾。

就算心情真的很憂鬱也沒關係，儘管大聲說：「今天也是美好的一天」吧！

宣稱「今天也是美好的一天」，心中會增加正面能量，憂鬱的心情也會逐漸消融。

重要的是不要被負面的心情帶著走。

用你自己的語言來決定今天是什麼樣的日子。

以嶄新的心情迎接每一天，每個早上都會產生正面能量。

79 從大自然中汲取正面能量

　　經常接觸大自然，能有效在心中增加正面能量。

　　前面提到過，因為大自然本身就是正面能量。

　　當你躺在公園的草地上，或是抱著大樹時，心裡會感到鬆了一口氣。

　　你也可以到海邊或河邊，把手腳浸在水裡試試。

　　循環在大自然中的水，能洗滌心中的負面能量。

　　如果你喜歡旅行，也可以到溫泉旅館去住一晚。

　　溫泉當中，蘊含著大量的自然能量。

　　吸入溫泉的蒸汽，正面能量就會在身體裡面循環，令人更神清氣爽。

泡過溫泉，臉變得光滑，身體狀況變好，這不僅是溫泉成分帶來的效果，也是因為身體裡的正面能量增加了。

　　某位住在海邊的女性曾經說過：

　　「我每天都到海邊去散步。過去吃藥也治不好的心病，因此痊癒了。大自然的力量真的很強大。」

　　她說的沒錯，大自然擁有特別的力量。

　　想要吸引好事，就多多接觸大自然吧！

想要一邊玩一邊增加正面能量，就去接觸大自然吧！

80 睡前回想一下
當天發生的好事情

　　睡覺前，回想一下當天發生過的好事，
也能有效的讓心轉向正面。

　　心容易傾向負面的人，習慣去計算發
生在自己身上的厄運，陷入「我真倒楣」
的思考慣性。

　　他們只看得到負面的事，心中充滿了
負面的想法，導致負面的事情又被吸引而
來。

　　要脫離這種狀態，只有一個方法，就
是數數當天發生過的好事情。

　　做法很簡單。

　　在枕頭旁放一本筆記。

　　睡覺前邊想想當天發生過的好事，邊
把這些好事拿筆記下來，寫寫日記，也可

以畫插圖或塗鴉。

　　一開始可能不會很順利。

　　這樣也沒關係，就把今天當作「平安度過的一天」。

　　寫下好事之後，開口說聲：「謝謝」，然後閉上眼睛入睡。

　　持續一段時間後，你會發現你身邊也發生了不少好事吧？

　　而感謝的心意和正面能量，也在你心中愈積愈多了。

每當想起開心的事，就會
產生正面能量。

第 9 章
吸引好事的行動準則

81　採取新的行動

　　每個人在每天的生活當中，都有固定去做某些事情的習慣。

　　仔細思考一下，從早上醒來到睡覺為止，我們的生活幾乎都是習慣組成的。

　　換句話說，只要現在的習慣持續下去，就會一直像現在一樣，不會有任何改變。

　　如果你想要改頭換面，就需要重新檢視一下現在的習慣，並找出適合自己的新習慣。

　　小時候，我們喜歡到新地方去接觸未知的事物，幾乎每天都在累積新的體驗。

　　可是長大以後，大多數的人都變得保守了。

　　某天才忽然發現，自己被困在「老地方」或「熟面孔」之中了。

珍惜自己喜歡的場所或人物，當然沒有錯。不過，如果你對現狀不夠滿意，想要吸引更多好事的話，最好立刻採取新的行動。

　　如果你的行動維持不變，那麼你的未來就和現在一樣。

　　我已經介紹過很多「增加心中正面能量的方法」，一個一個去嘗試，也是一種新的行動。

　　新的體驗一定會吸引到很多好事。

改變把自己固定在某種狀態的習慣，就能創造出一個全新的自己。

82 早起讓心湧出活力

前面建議過你，透過新的習慣來增加心的正面能量。

這些習慣當中，人人都做得到且效果強大的，是早起的習慣。

早上有充裕的時間，可以讓心生出巨大的正面能量。

因此早起的那一天，能夠吸引很多好事。

而腦部分泌的皮質類固醇，在早上六點到八點之間最為活躍，所以這段時間也適合用來從事知性的工作。

有位白領麗人總是出門前三十分鐘才醒來。有一天，她比平常提早三十分鐘起床。

當天，她的工作效率提高，也沒被上司責罵。

早起就有充裕時間仔細化妝，對自己也更有自信。

　　她說：「才提早三十分鐘起床，沒想到就有這麼多好處。」她現在又設定一個新目標：再提早三十分鐘起床。

　　像她這樣因早起而吸引到好事的例子非常多。

　　但一下子就要提早兩個小時起床，就不是輕易辦得到的。

　　先嘗試提早三十分鐘，再體驗一下早起的好心情吧！

早起成了習慣後，自信也會和好事一起來到。

83 必要時請別人幫忙

有些人把「好累喔～」掛在嘴邊，經常訴說身體不舒服。

這類型的人當然也會在心中增加負面能量。

但如果你總是感到精疲力盡，或許是每天的工作量或活動，超出自己的能力範圍了。

我希望這類型的人，能夠試著去尋求別人的協助。

責任心強的人、認真的人、神經質的人，似乎會認為所有的事都要親力親為。

但果決的尋求他人協助，讓自己快樂過活是很重要的。

有個職業媽媽，同時忙著育兒、工作和家事，總是感到身心俱疲。

有一天，她終於決定請幫傭每個禮拜來半天，幫忙打掃和整理。

結果，「家裡東西丟得到處都是，怎麼辦？」、「不打掃不行了，可是還要照顧孩子……」、「對老公很抱歉」等諸如此類的壓力，一下子就消失了。

她說：「雖然要花點錢，但自己的負擔減輕了，壓力也不見了，花這點錢算便宜了。」

把自己不擅長的、忙不過來的工作，請別人來幫忙完成，可以讓生活過得更加舒暢。

因忙碌而造成身體不適的人，請務必養成這個習慣。

請把尋求別人協助當作一個
選項，來減輕每天的壓力。

84 想像理想的自己

心中想要吸引的是「理想的自己」！

不少人有這個願望吧？

我要提供一個建議，就是具體想像一下理想的自己的模樣。

若做得到，也把腦中的想像用文字寫下來。

比文字效果更好的是，利用報章雜誌的圖和照片拼貼，創造出被看見的理想形象。

某位女性的目標是在公司累積經驗、出人頭地，於是她從時尚雜誌上剪下成功女性的照片，貼在日誌上。

每當她遇到挫折時，只要看看那張照片，心中就鼓起為自己「加油」的勇氣。

還有一位女性，她的夢想是幸福的婚姻，於是把穿婚紗女性的圖片剪貼在日誌

上。

　　這種具象的圖象含有正面能量，只要看看拼貼、剪貼，就能鼓舞精神。

　　人類是容易受到視覺影響的生物。

　　因為眼睛看見的事物，能對大腦產生強大的影響。

　　如果你心中有朦朦朧朧的憧憬，但可能隨時會忘記這個願望時，也可以透過具體化形象來提高實現的機率。

對理想的自己想像愈具體，
願望就會愈早實現。

85 模仿你要學習的對象

　　如果某個人所擁有的事物，剛好是你想要吸引的，那麼你可以嘗試模仿那個人。這樣能夠有效加快吸引願望的速度。

　　「模仿別人，聽起來很狡猾啊。」

　　「我要貫徹自己的做法。」

　　有些人會這麼想。

　　可是，堅持自己的主張並不會改變什麼。用坦率的心、放下身段學習吧。

　　無往不利的人，就是擁有無往不利的生活習慣的人。

　　無往不利的人，哪裡和自己不一樣？

　　調整哪些地方，就能更像對方了呢？

　　借鑑一下對方的性格或態度，一定會有各式各樣的發現。

　　如果對方是熟人，你可以單刀直入對他說：「我想要和你一樣，請讓我效法你。」

對方聽到這句話，應該不會感到不快，甚至還會給你一些忠告。

全世界的經營者都經常讀歷史。因為他們能夠從歷史人物身上學到很多東西。

如果任何事都要親自從頭開始學習，不僅要花費很長的時間，也需要經歷很多失敗吧。

養成模仿別人的性格或態度的習慣，能成功的讓吸引力運作變得更有效率。

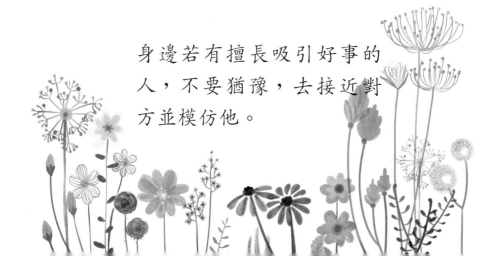

身邊若有擅長吸引好事的人，不要猶豫，去接近對方並模仿他。

86 嘗試新挑戰

我在前面說過，培養新習慣能增加正面能量。

可是，也有人太在意過去的失敗，無法跨出新的一步。

有一個有趣的心理學實驗是這樣的。

把一隻狗帶進房間關起來。

那個房間的地板和牆壁全都設有通電的機關。通電時，狗當然會掙扎、四處亂竄。

可是不管跑到哪裡都躲不開電流，於是狗就蹲在地板，放棄抵抗。

然後，把那隻狗移到另一個房間。這個房間只有部分地板裝上通電的機關。

也就是說，狗只要移動到不通電的地方，就能逃離痛苦。

可是，通電時，狗卻一動也不動，一直蹲著，不斷忍受電流帶來的痛苦。

明明只要稍微移動一下就能逃離電流，狗卻認為：「逃也沒有用。」於是不採取任何行動。

像牠這種被動、無力感的狀態，稱為「學習性無助」。

恐懼挑戰的人，或許就處在這種狀態下。

請相信下次的挑戰一定會成功。

大膽對自己說：「下次一定沒問題！」

不要被過去的失敗綁住，活用過去的失敗來創造未來吧！

87 為行程預留充裕的時間

習慣遲到的人，或者在約定時間前一刻才抵達約定地點的人，經常要擔心「趕不上約定時間怎麼辦？」或是要對準時的人道歉，增加心中的負面能量。

只要養成用充裕的時間來行動的習慣，就能減輕很多壓力，改變心的狀態。

我要建議沒有嚴格時間觀念的人，不要在約定時間五分鐘或十分鐘前才抵達約定地點，而是提早三十分鐘到。等待的時間，可以用來在咖啡廳裡喝杯茶、到書店或商店櫥窗看看、逛逛街……

如果把目標設在提早五分鐘或十分鐘，只要轉車不順利，就會遲到了。

所以，下定決心提早三十分鐘抵達約定場所，在附近做點能自得其樂的事。

因為等待的時間並不只是用來等人，所以不會累積壓力，也不需要擔心遲到而緊張不安了。

　　老是遲到的人，一定會讓對方留下不好的印象。

　　「我低血壓，早上起不來。」這句藉口就讓它畢業吧。

　　改掉遲到的習慣，克服無法守時的心理障礙，自己的每一天也會跟著改變。

過著被時間追趕的生活，
心無法得到平靜。

88 讓每件事都有個了結

在心中持續不斷累積正面能量的人，有一個共通點。

立刻解決問題，馬上轉換心情。

但是，不可能所有的問題都能夠立刻解決。

重點在於，讓自己的心不會因為卡在某個問題上面，而增加負面能量。

如果有事情卡在心裡，就算放著不處理，心裡也總是感到不太對勁。這時，下定決心「先保留這個問題，現在不要想」，就能產生不去想它的效果。

此外，也要記得立刻為無法馬上解決的問題先畫下句點。

例如你心裡掛念著某件事，連在工作時也會想：「不知道那件事怎麼樣了？」

雖然決定「算了，先不管了」，留待之後解決，但心中仍是很在意，可能當你隔天醒來時，腦子裡還在想著這件事。

　　這時，可以請在場的相關人士做確認，讓事情有個答案。

　　即使只是有點麻煩的小事，拖久了，也會變得棘手。

　　在乎的事，立刻在當場做個了結——養成這種習慣後，每天的快樂時間就會增加了。

207

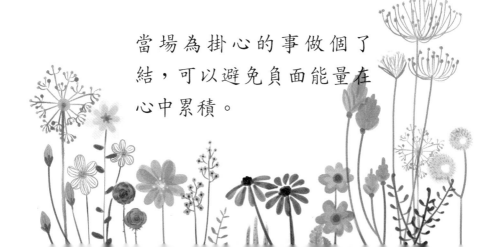

當場為掛心的事做個了結，可以避免負面能量在心中累積。

89　一整天不看電視

　　我在前面說過，如果你有想要吸引的
願望，就必須培養新的習慣。

　　但是也有人「實在是擠不出時間來」。

　　比如平日要工作，假日要約會或去美
容院做保養等等，計畫排得滿滿的，實在
沒有餘力來培養新習慣。

　　我的建議是，找出一天，整天都不要
看電視。

　　「但是有我想看的節目。」那麼，只
要看那個節目就好。

　　因為大多數人在打開電視之後，就會
一直看下去。

　　每個人都有過這種經驗吧？——「並
沒有特別想看那個節目，可是看了之後，
就會想知道後續發展，沒辦法關掉電視。」

把「看電視打發時間」的時間節省下來，你就獲得了自由的時間。

　　習慣每天看電視的人，可以決定當天只看某個節目，看完之後立刻關掉電視。

　　此外，下定決心定一個「不看電視日」。

　　一個月一天也沒關係。在那一天，整天都不看電視，用全新的心情來度過多出來的時間吧。

製造時間的最佳方法，就是戒掉看電視的習慣。

90 至少先開始做做看

　　有時你需要採取實際行動來吸引特定的事物。

　　例如你希望「搬到漂亮的房子去住」。只儲存正面能量、想像理想房間的具體形象還不夠，同時你也要到房屋仲介公司去看看物件，為搬新家採取實際的行動。

　　可是，如果不為行動時間定下一個期限，很可能會遲遲無法付諸實行。

　　如果你說：「現在工作很忙。」，一個星期、一個月在不知不覺之間就過了，當你想起這件事時，會發現自己更加忙碌了。

　　「但是我真的是沒有時間去做。」

　　如果你有這種煩惱，希望你至少先「起個頭」。

例如想搬家，如果沒時間去房屋仲介公司，可以先上網瀏覽物件。

　　不管你採取的行動有多小，做與不做的差別卻很大。說不定在你上網查租屋資訊時，就找到讓你心動的物件了。

　　只要起個頭，就容易產生「希望早點結束」的念頭，也比較不會半途而廢。

　　請牢記：至少要開始做做看，不要放著不管。改掉拖延的習慣，就能加快吸引的速度。

延後行動，好事到來的時間也會延後。

第 10 章
吸引不順利時的對策

91 裝扮自己

「最近都吸引不到好事！」

「不知道為什麼，老是提不起精神。」

遇到這種日子，容易令人心情低落。

這時，為了讓心不要傾向負面，做一些簡單卻又能得到滿足感的事情吧！

只要每天都能讓你的心感受到一點「運氣真好！」、「好開心喔！」，負面能量就不會突然增大。

負面能量不增加，壞事就不會發生。

覺得不順時，試著讓自己開心起來。

我的建議是改變一下自己的外型，比方到美容院、美甲沙龍去整理一下，或者比平常更精心打扮之後再外出等等。

對女性來說，只要覺得「今天的我真

可愛」，心中就會湧出正面能量。

當你需要挑戰、需要勇氣卻提不起勁時，可以試著改變一下造型、整理一下頭髮，或仔細畫個妝。

能透過裝扮來增加心中的正面能量，是女性專屬的特權，請務必多加活用。

裝扮不只使外表更亮眼，
心也會感到歡喜。

92 耐心等待

　　並不是所有的好事，都會在許願後馬上被吸引來。

　　每個人都會遇到向神祈求好事，卻遲遲吸引不到的情況。

　　這時，千萬不要認為「神是騙子！」、「果然沒有用！」

　　如果你能相信「這個願望很適合自己」、「一定沒問題！」，你的願望就一定會實現。

　　你可以一邊想著：「好事逐漸在接近我了」，一邊耐心等待。

　　當你遲遲無法吸引到願望時，或許是神在試探你的真心：「他真的想要吸引這個願望嗎？」

　　我說個故事。

「我成功吸引到好事了！」

──有位女性因此很開心，我就問她細節。原來她在二十歲時向神明許下「想要出書」的願望，她的書終於在十年後出版了。

她花了十年的歲月吸引一個願望。

如果她在這段期間動了「果然我還是沒辦法出書，放棄了！」的念頭，神或許就會認為：「只不過要多花點時間而已，她就放棄了，這個願望不是發自內心的吧」，於是忽視她「想要出書」的願望了。

但是，只要不放棄，就能讓願望成真。

吸引的願望尚未實現，或許是神在試探你的真心。

93 增加正面能量

想吸引好事，卻總是事與願違時，要比平常更努力增加正面能量。

例如更常說感謝的話、花更多時間做自己喜歡的事。平常能做得到的小事就可以了。

幫助別人，也能有效增加正面能量。

因為人類的本能，會對有助於人的事感到歡喜。

所以，在發揮自己的能力幫助別人時，心中會增加正面能量，好事也會逐漸接近。

我在這裡介紹一下電話發明者拉格漢姆‧貝爾（Graham Bell）的事蹟。

起初，貝爾是想為有聽障的妻子做個助聽器。

可是他卻做不出他想像中的助聽器。

在經歷過多次失敗之後，反而發明了電話。

貝爾為了妻子發揮自己發明的能力，他心中的正面能量不斷增加，所以就成就了發明電話這個大創舉了。

話說回來，當你感到痛苦時，一定要增加正面能量。

如果在痛苦中還能堅信：「沒關係，我已經累積了很多正面能量，不久之後就能吸引到好事了。」就能再度提起精神來了。

正面能量增加了，一定能吸引到好事。

94 學習超越逆境的人

有過很多痛苦經驗的人，一遇到不順心的事，容易產生「幸福畢竟和我無緣⋯⋯」這種想法。

但請你不要氣餒。

當你感到意氣消沉時，找個和自己有過同樣體驗卻過得很快樂的人談一談，或者閱讀超越逆境而成功的人物傳記等等，都能幫助你再度鼓起勇氣。

例如世界知名的日本服裝設計師山本寬齋先生，自小就與母親分離，被送進兒童保護機構。之後雖由父親接他出去同住，但仍然過著貧困的日子。

不過，他利用家裡的縫紉機修改同學的制服賺外快，這個經驗成為他學習設計的契機，最後成了代表日本的服裝設計師。

我們不是可以從嘗過這麼多悲慘經驗的山本先生身上，學習到很多東西嗎？

「某人經歷過比我更苦的處境，現在卻活得很幸福。」

找到克服逆境的人物作借鑑，不僅能激勵自己，心中也會增加正面能量。

不管遇到何種逆境，絕對不能放棄。

只要把心保持在正向的狀態，就可以吸引到好事。

每個人都可以透過了解超越逆境人物的體驗，來解除自己心中的不安。

我們可以經歷過苦難的人物身上獲益良多。

95 　等待最佳時機

　　必要的事物，會在人生當中「恰恰好！」的時機出現。

　　如果你想吸引的願望遲遲無法實現，或許是神還在等待最佳時機吧。

　　舉個例子，有一位在製造廠工作的 25 歲女性。她想要搬新家。

　　所以她想像新家的模樣，到很多房屋仲介公司去看房子。可是找了半年，也找不到理想的房子。

　　她也曾想過：「為什麼找不到中意的房子呢？」但又轉念一想：「或許有什麼意義吧？」不讓自己因此氣餒。

　　她找了一年房子之後，交往中的男朋友向她求婚了。

　　接著，她和男朋友兩人一起找新家。

兩人馬上就找到中意的房子。

那間房子，與她想像了一年之久的「理想的家」一模一樣。

她理解了之前都找不到理想房子的原因了。

「神知道我和他要結婚了。如果去年就搬新家，結婚後可能馬上又要搬出來。為了不讓我搬那麼多次家，所以讓我在這個恰恰好的時刻找到理想的房子。」

她很感謝神的安排。

請相信必要的東西，會在人生必要的時刻到來。

96 莫忘初心

當你感到諸事不順或提不起精神時，原因可能出自於你身邊的環境。

「今天熱到沒力氣，先不管英文檢定考了。」

「想搬出去一個人住，但父母都反對，獎金也不多，算了吧！」

就算自己有意願，日常生活中卻充斥著干擾自己意願的因素。

這時，如果你腦中動了「放棄吧」的念頭，實現願望的機率就會下降。

當你覺得自己快要喪失動力時，重新審視一下自己的目標，回想一下「當初想這麼做的理由」。

「對了，我決定去國外旅行時一定要說英文啊！」

——若能回想起這分初心，天氣再熱也不會讓你變得懶散。

「想離開過度保護的父母，讓自己獨立，所以才要一個人住的啊！」

——若能想起初心，就算獎金少、父母有意見，還是會去嘗試一個人的生活吧。

當你想要吸引的願望愈大，需要的時間就愈長，也會遇到種種困難。

遇到挫折時，回想一下初心。在快要忍受不住艱難的狀況時，再次想想你原本的目標，就能再度取回能量。

當想要找理由放棄時，回想一下當初的心情吧！

97 拆解大目標，從小處著手

　　你的行動，有時不會產生預料中的結果。遇到這種情況，任何人都會感到「我真沒用」，而失去自信。

　　可是，這時你更需要告訴自己：「沒關係。」平穩心情，努力不要增加負面能量。

　　當你遇到這種情況時，我希望你試著將現在的目標，切割成幾個小目標。

　　以減肥為例。

　　「下個月之前要減五公斤！所以絕對不吃零食，每天要做一小時的運動！」

　　──立下這種遠大的目標，如果意志力不夠強，就容易產生挫折感。

　　這時，可以先立下小目標。

　　「盡量不吃零食。如果真的克制不住，

就吃一點低卡路里的點心吧。」

——這樣的目標就比較容易達成。

達成這個目標後，接下來就可以逐漸提高門檻。比方說「下次要挑戰運動。以後就走路到車站去，不搭公車了」。

目標大到超出自己能力範圍，反而會打擊自己的自信心。

慢慢完成「稍微努力一下就能做到」的小目標，最終完成大願望的吸引，是減少挫折感的祕訣。

將大目標切割成小目標，
降低心理門檻。

98 結交支持你的朋友

有人認為自己是「容易受傷的人」。

不管嘗試什麼挑戰,都會覺得「我大概是辦不到了⋯⋯」

這種類型的人,在正面能量都還沒有增加之前,就飽受莫名的挫折感之苦,導致無法吸引大願望到來。

如果你剛好是這類型的人,建議你一定要結交能夠支持你的朋友。

當你快要放棄時,只要能有一個朋友對你說:「沒問題,一定會成功的,不要放棄!」你的心情就會產生巨大的變化。

如果你的身邊沒有這樣的朋友,那麼請努力去結交新朋友。

暫時和相處時容易感到疲累的朋友保持距離,結交能夠互相鼓勵的新朋友。

下定決心要「吸引能夠互相鼓勵的朋友」之後，就要盡量到人多的場合去。

你可以去學習新技能，或加入附近的同好社團等等。

在那些場所，你要鼓起勇氣，主動以笑臉問候。此外，別忘了自己也要為別人的幸福提供協助。

牢記這些，互相鼓勵的朋友就會愈來愈多了。

能夠吸引到支持自己的朋友，接著就能吸引到各種願望了。

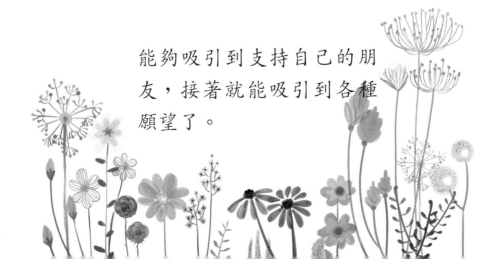

99　和幸福的人聊聊

　　「唉呀，事情不該演變成這樣啊，真是倒楣……」

　　「我可能註定無法幸福……」

　　偶爾也會有這種難過的時候吧。

　　這時，那些生下可愛嬰兒的同學，或活躍在一流企業的朋友，看起來都特別耀眼。

　　「某某某真好啊，和他比起來，我實在是……」也有人會像這樣自怨自艾。

　　如果你有類似的心境，建議你特地去約顯得很幸福的朋友出來聊聊天。

　　在你缺乏自信時去見事事順遂的朋友，見到他們神采奕奕，也許會有點不好受吧。

　　不過，就是在你不順利時，更需要從

幸福洋溢、總是笑臉迎人的朋友身上學習。

　　與幸福的人相見時，不要抱怨自己的處境，反而要大方的請對方給你建議。

　　「不好意思，我要說的不是什麼好消息，但我正在為這件事情煩惱。你也有過這種經驗嗎？」

　　像這種單刀直入的說話方式，應該不會造成對方的負擔。

　　幸福的人，是做過相當努力的人。

　　將他們當作值得學習的前輩，請教他們苦中作樂的祕訣是很重要的。

善於吸引好事的人，他們的語言當中藏著許多提示。

100 把吸引的目標交給神決定

　　如果你覺得「無法吸引到期待的事物」，那麼，把吸引的目標交給神去決定，也是一個方法。

　　例如，擅長英文的女性許了一個願：「想要換個工作，好好發揮自己的英文能力。」

　　如果她同時也詳細指定太多新工作的條件，吸引可能就不會順利。

　　假設她決定「除了 A 公司以外都不考慮」。

　　如果進入 A 公司後能讓她「發揮自己的英文能力」，就與她的願望相符，不會有問題。但事實可能不是如此。

　　如果神知道「A 公司不能讓她發揮英文能力」，吸引就無法實現。

　　如果你也遇到類似的狀況，就取消願

望的條件細節，把吸引的目標交給神去決定吧！

以剛剛那位女性的例子來說明，就是別堅持一定要進 A 公司，要堅持的是「換個能夠發揮自己英文能力的工作」，並讓自己多多嘗試各家公司的徵人活動。

神知道所有的事，遠遠超出我們所知的範圍。

拋掉堅持和自尊，神就會提供一個適合自己的職場。

當你感到願望難以實現時，可以考慮全都交給神去決定。

神會用超乎我們想像的好方法，把幸福送給你。

從天天水逆到無往不利

100 個召喚好運、實現所願，讓正能量爆發的吸引力法則

作　　者／植西 聰
譯　　者／洪 伶
美術編輯／方麗卿
責任編輯／黃 欣
企畫選書人／賈俊國

總 編 輯／賈俊國
副總編輯／蘇士尹
編　　輯／高懿萩
行銷企畫／張莉榮・蕭羽猜・黃欣

發 行 人／何飛鵬
法律顧問／元禾法律事務所王子文律師
出　　版／布克文化出版事業部
　　　　　台北市中山區民生東路二段 141 號 8 樓
　　　　　電話：(02)2500-7008 傳真：(02)2502-7676
　　　　　Email：sbooker.service@cite.com.tw
發　　行／英屬蓋曼群島商家庭傳媒股份有限公司城邦分公司
　　　　　台北市中山區民生東路二段 141 號 2 樓
　　　　　書虫客服服務專線：(02)2500-7718；2500-7719
　　　　　24 小時傳真專線：(02)2500-1990；2500-1991
　　　　　劃撥帳號：19863813；戶名：書虫股份有限公司
　　　　　讀者服務信箱：service@readingclub.com.tw
香港發行所／城邦（香港）出版集團有限公司
　　　　　香港灣仔駱克道 193 號東超商業中心 1 樓
　　　　　電話：+852-2508-6231　　傳真：+852-2578-9337
　　　　　Email：hkcite@biznetvigator.com
馬新發行所／城邦（馬新）出版集團 Cité (M) Sdn. Bhd.
　　　　　41, Jalan Radin Anum, Bandar Baru Sri Petaling,
　　　　　57000 Kuala Lumpur, Malaysia
　　　　　電話：+603- 9057-8822　　傳真：+603- 9057-6622
　　　　　Email：cite@cite.com.my
印　　刷／韋懋實業有限公司
初　　版／2022 年 7 月
定　　價／300 元

城邦讀書花園
www.cite.com.tw

布克文化

ISBN／978-626-7126-15-8
EISBN／978-626-7126-16-5 (EPUB)